Hermann Suchier

Über die Matthaeus Paris zugeschriebene Vie de Seint Auban

Hermann Suchier

Über die Matthaeus Paris zugeschriebene Vie de Seint Auban

ISBN/EAN: 9783744604765

Hergestellt in Europa, USA, Kanada, Australien, Japan

Cover: Foto ©ninafisch / pixelio.de

Weitere Bücher finden Sie auf **www.hansebooks.com**

Ueber

die Matthaeus Paris zugeschriebene

VIE DE SEINT AUBAN.

Von

Hermann Suchier.

HALLE a/S.

MAX NIEMEYER.

1876.

.

Herrn Professor

Friedrich Zarncke

gewidmet.

Vorbemerkung.

Hier am Orte von vielen Hülfsmitteln wissenschaftlicher Arbeit entblösst musste ich die Verwaltung der königlichen Universitäts-Bibliothek zu Göttingen mehrfach um Unterstützung angehen, die mir aufs freigebigste gewährt wurde. Ich sage dafür meinen wärmsten Dank.

Als ich vorliegende Arbeit begann, hatte ich nichts als eine Recension von Atkinsons Ausgabe im Sinne. Dass ich die Arbeit nun gesondert erscheinen lasse rechtfertigt, hoffe ich, ausser ihrem Umfange auch ihr Inhalt. Die beiden Recensionen Försters (lit. Centralblatt vom 3. Juni 1876) und Gröbers (Jenaer Literaturzeitung vom 24. Juni 1876) sind mir nicht unbekannt geblieben; doch hatte ich keinen Grund sie im Verlaufe meiner Arbeit zu erwähnen. Die Textesänderungen und Erklärungen, in welchen Förster mit mir zusammentrifft (zu V. 4. 147. 172. 173. 763. 996. 1466), hatte ich längst vor dem 3. Juni aufgezeichnet.

Erst während des Drucks kam mir die Recension von Gaston Paris (Romania 5, 384) zu Gesichte. Wie sich erwarten lässt, ergänzt sie meine Untersuchung mehrfach. Ich greife nur zweierlei heraus: die Conjectur herupez zu V. 1145

und ne larrum zu V. 1270. Die in der Romania erwähnte
Recension Paul Meyers (Athenaeum vom 24. Juni) ist mir
nicht erreichbar.

Ich betrete hier einen noch ganz jungfräulichen Boden,
was eignen Reiz, aber auch eigne Gefahren hat. Hoffentlich
werden es die Fachgenossen an Ergänzungen und Berichtigun-
gen der metrischen Untersuchung nicht fehlen lassen. Denn
dass ihr noch manche Mängel und Fehler anhaften davon bin
ich überzeugt. Sie meiden wollen hiesse die ganze Arbeit aufs
unbestimmte vertagen. Daher gebe ich sie getrost heraus.
'Mitten unter dem Greifen nach der neuen Frucht darf ich wohl
auch den Muth des Fehlens haben.'

Münster (Westfalen), im August.

Abkürzungen.

A.   = Vie de seint Auban ed. Atkinson 1876.
agn.   = Anglonormannisch.
Chev. D. Cl.   = Le Chevalier, la Dame et le Clerc, fabliau h. v. Paul Meyer
                 in der Romania 1, 73.
ebd.   = ebenda.
Fant.   = Chronik Jordan Fantosmes h. v. Michel im dritten Bande
                 der Chronique des ducs de Normandie.
Fulke F. W.   = Fulke Fitz Warin citiert nach der Ausgabe in den Nou-
                 velles françaises du XIV. siècle. 1858.
Modw.   = Leben der heiligen Modwenna, welches ich aus einer Ox-
                 forder Handschrift abgeschrieben habe. Vgl. unten S. 54.
Ren.   = Renalt de Montalban. Ich konnte nur das von Matthes
                 im Jahrbuch 15, 10 herausgegebene Bruchstück benutzen.
                 Ich citiere dieses nach Seiten und Zeilen.

Das Anglonormannische Gedicht vom Leben des heiligen Albanus ist erst kürzlich herausgegeben worden u. d. T.: Vie de seint Auban: A Poem in Norman-French, ascribed to Matthew Paris; now for the first time edited, from a manuscript in the library of Trinity College, Dublin, with concordance-glossary, and notes, by Robert Atkinson. London, John Murray. 1876. 4⁰. XVI, 127, CXLVII, I S., und — sagen wir es gleich hier — die Ausgabe ist mit einer philologischen Sorgfalt ausgeführt, wie sie bis jetzt nur wenigen Denkmälern der Anglonormannischen Literatur zu Theil wurde.

Zu Grunde liegt der Ausgabe die Dubliner Handschrift des 13. Jahrhunderts (Trinity College E I. 40), die einzige, seitdem der Cottonianus Vitellius D VIII und sein Inhalt (la vie S. Alban, le premier martyr de Engleterre, et de S. Amphibal) verloren gegangen ist. Die Ueberliefrung ist gut zu nennen, da nur wenige Stellen dem Verständnis Schwierigkeiten machen, wenn auch Schreibfehler nicht selten vorkommen und die Laute und Formen keineswegs consequenter auftreten als in andern Handschriften derselben Zeit.

Englische Gelehrte des 17. Jahrhunderts (Stowe und Erzbischof Ussher) schreiben ein Französisches Gedicht über denselben Heiligen dem bekannten Geschichtsschreiber Matthaeus Paris († 1259) zu, welcher in dem nach dem Heiligen genannten Kloster (St. Albans) von 1217—1259 als Mönch lebte. Ein drittes Zeugnis, welches Atkinson nicht genannt hat, gewährt Pitseus († 1616) in seinem Buche De scriptoribus Anglicis; er führt Vitas et Martyria Sanctorum Albani et Amphibali libros duos unter Matthaeus Werken auf. Das älteste aber findet sich bei Walsingham im 15. Jahrhundert und lautet wörtlich: [Mat-

thaeus Paris] vitas SS. Albani, Thomae et Edmundi conscripsit
et depinxit elegantissime.

Waren auch die Lebensgeschichten der Heiligen Thomas
und Edmund ohne Zweifel Lateinisch verfasst, so liegt doch
die Vermuthung nahe genug, die Vita Albani des Matthaeus
Paris sei mit dem uns erhaltenen Gedichte identisch. Ussher,
welcher das Werk des Matthaeus näher als Französisches Gedicht bezeichnet, kann sehr wohl seine Angabe aus der Dubliner
Handschrift der 'Vie de seint Aubau' genommen haben, die er
kennt und als ein von Heinrich VI der Kirche des heiligen
Albanus verehrtes Geschenk erwähnt. Vielleicht wurde der
Name des Verfassers auf dem jetzt verlornen Blatt genannt,
welches die Ueberschrift und den Anfang des Gedichtes enthielt.

Atkinson hält Matthaeus für den Verfasser. Er glaubt
sogar, die Dubliner Handschrift habe niemand anders geschrieben, auch die Bilder darin niemand anders gezeichnet als
Matthaeus Paris selbst. Hätte er Recht, so wäre die Handschrift ein Kleinod seltenster Art zu nennen. Auch in andern
Handschriften glaubte man die Hand des Matthaeus zu erkennen,
und die Frage, ob unsere Handschrift von ihm geschrieben
wurde, muss nach Atkinson mit der Entscheidung über die
andern ihm zugeschriebenen Handschriften stehen und fallen.

Wie schade dass gerade die Ueberlieferung unseres Gedichtes uns zwingt die Frage zu verneinen! Alle Stellen, in
welchen der Text verdorbt ist, schlagen der Annahme Atkinsons
ins Gesicht. Es ist Hardy entschieden Recht zu geben, welcher
die Frage gleichfalls in verneinendem Sinne entschieden hatte.
Wer wollte auch mit Atkinson glauben, in dem 'Anima Mat-
thaei ... requiescat in pace' sei von einem Lebenden die Rede,
wo obendrein hinter dem Worte Mattbaei der Zusatz steht:
'et animae omnium fidelium defunctorum'!

Atkinson glaubt seine Ansicht damit zu stützen dass er
auf die Randbemerkung: Hoc de libro Johannis Mansel, die
sich in der Dubliner Handschrift Bl. 22 findet, aufmerksam
macht. Er meint, Mansel müsse der Besitzer jenes Buches gewesen sein, Matthaeus müsse es vor 1264 — in diesem Jahre
starb Mansel — von ihm entliehen haben. Dagegen ist zu
erinnern dass nach Usshers Angabe S. 83 die Handschrift an
andrer Stelle ein liber quam Dominus Johannes Mansel specialis

Domini Regis clericus et consiliarius attulit de Hispania als Quelle anführt. Dieses Buch kann also Mansels Buch heissen, auch ohne dass es in Mausels Besitz blieb, also auch nach seinem Tode. Wenn Matthaeus nicht der Schreiber war, kann er immer noch der Verfasser des Gedichts gewesen sein. Freilich gestatten die Mittel der Wissenschaft, wenn nicht äussere Zeugnisse zu Hülfe kommen, wohl eine derartige Frage entschieden zu verneinen; eine entschiedene Bejahung wird niemals möglich sein.

Fassen wir zunächst die Sprache ins Auge. Nach lautlichen Erscheinungen zerfallen die Denkmäler des Anglonormannischen in fünf Perioden.

In der ersten Periode ist der Vocalismus in England noch ebenso rein als auf dem Festlande. Sie hält an bis nach der Mitte des 12. Jahrhunderts.

Noch in diese Periode gehören, um von Bekanntem zu schweigen, folgende Denkmäler:

1) der Haveloc;
2) der Dialogus inter corpus et animam (Latin Poems commonly attributed to Walter Mapes 321);
3) der Lai du Corn von Robert Bikez (bei Wolf, Ueber die Lais 327);
4) das Leben des hl. Edmund von Denis Piramus (nach den Auszügen bei Michel, Rapports 250 zu urtheilen);
5) das Leben Eduards des Bekenners in einer Vaticanischen Handschrift, wenn die Entstehung des letztern überhaupt nach England zu setzen ist (Lives of Edward the Confessor ed. by Luard 384).
6) Auch die von Paul Meyer in der Romania 5, 1 bekannt gemachte Chanson, welche Baudri de Bourgueil als Quelle angiebt, setze ich in diese Periode, da die Strenge, mit welcher die Endungen -ent und -ant im Reime geschieden sind, nach England weist.

In der zweiten Periode ist auf vocalischem Gebiete die Verwandlung des ie in e die einzige durchgreifende Aenderung. (Die alte Bindung von ai zu offnem e ist bekanntlich in Frankreich ebenso geläufig als in England.) In dieser Periode hat zwischen 1174 und 1183 Jordan Fantosme seine Chronik ver-

fasst. Er lässt oi mit ai nur in den Endungen -eine und -eire
reimen (dazu paleis statt palais 154. Die Form malveis erscheint schon im Dialogus der vorigen Periode). Auch finden
sich die Reime oi : o (lat. ō), ui : u (lat. ū).

Auf Grund der genannten Lauterscheinung müssen dieser
Periode folgende Denkmäler zugewiesen werden:

1) Chardris Gedichte (Michel, Rapports 172. 176. 180.
Keller, Romvart 425);

2) der Tobias, aus welchem nach Stengels Angabe De
salvatione hominis dialogus (Liber Psalm. ed. Michel
364) ausgehoben ist;

3) das Gedicht Del Yver et del Esté. (Jubinal, Nouveau
Recueil. 2, 40);

4) Benets Leben des hl. Thomas in Schweifreimen (in
Michels Ausgabe der Chronique des ducs de Norman-
die 3, 461. 619);

5) wenn ich nach der Probe bei Wolf, Ueber die Lais 463
urtheilen darf, der Horn;

6) Renalt de Montalban (Jahrbuch 15, 10). In diesem
Gedicht kommen die dem Anglonormannischen eigenthümlichen Bindungen (ié : é, prou und nevou : ū) os
selten vor, dass man Französischen Ursprung vermuthen
möchte. Was mir aber entschieden gegen letztern zu
sprechen scheint, ist der Umstand, dass abgesehen von
den stereotypen und leicht erkennbaren Aenderungen
der Schreiber die Verse vom Standpunct der agn. Vers-
kunst und Lautlehre auffallend correct sind. Weil dieses Gedicht den Reim ié : é weit seltner gewährt als
Fantosmes Chronik, halte ich es für älter als diese
und setze es etwa zwischen 1160 und 1170. Ich mache
auch auf die alterthümliche Form muntet (lat. *montat)
21, 33 aufmerksam. (vgl. aidet Fantosme 768.)

In der dritten Periode ist auch die Endung -eir in -er
verwandelt. Es ist die Zeit des Uebergangs vom 12. Jahrhundert nach dem 13.

Hierher gehört das Leben der hl. Modwenna, dessen einzige Handschrift in der ersten Hälfte des 13. Jahrhunderts
geschrieben scheint, und Robert Grossetestes († 1253) Chastel
d'amur (ed. Cooke 1852).

Jünger als die genannten Gedichte, welche die Endungen -é und -ee ausser in den Part. Prt. rein erhalten, scheinen solche zu sein, welche auch in Substantiven die Endung ee zu é vereinfachen, wie der Conquest of Ireland (ed. Michel 1837) ✓ und das Fabliau: Le Chevalier, la Dame et le Clerc (Romania 1, 73).

Für die Vermischung der Endungen -out (lat. -abat) und -oit (lat. -ebat) zeigt die Modwenna im Reime nur ein Beispiel 1985d, das Chastel d'amur drei 1294. 1314. 1365, der Conquest of Ireland drei S. 3. 100. 128. Im Fabliau und im Guy von Warwick ist sie weit häufiger.

Ungemein selten ist der in dem genannten Fabliau 243 erscheinende Reim oi : ei (joie : voie).

In der vierten Periode reimt auch u (lat. ū) mit u (lat. ō, ŭ). Dieses ist in dem zwischen 1236 und 1264, höchst wahrscheinlich in. Jahre 1245 verfassten Leben Eduards des Bekenners der Fall; ebenso in der Vie de seint Auban, die daher in diese Periode zu setzen ist. Ein andres sprachliches Moment habe ich unten in der Anm. zu Auban 451 erwähnt.

Schon in den vorigen Perioden werden folgende Worte mit ū gereimt: prou Ren. 10, 1, pru Ren. 16, 20. Benets Thomas 736, nevou Ren. 16, 10, neveu Jubinal, N. R. 2, 47, demeure: jure. Lai du Corn 201, nevouz Modw. 614c, leu (lat. lupum) Modw. 75b, dous (lat. duos) Chastel d'a. 1253, — lauter Worte, welche in alten Texten den ächten Diphthong ou zeigen, den die Sprache von Isle de France zu eu dissimilierte, und der vielleicht auch in demeure dem eu vorausgieng.

In sieben Reimen ist mir schon in den vorigen Perioden die Bindung ō:ū begegnet. Es reimen nämlich mit ō aseur Ren. 14. 26, 32 cremuz Benets Thomas 212 us ebd. 1022 venuz ebd. S. 619 custume ebd. S. 623 uns ebd. Diese sieben Reime scheinen in der That die aufgestellte Periodentheilung wieder umzustossen. Doch ist nicht zu vergessen dass Renalt de Montalban nur in einer Handschrift des 13. Jahrhunderts erhalten ist, von Benets Thomas aber ausser den beiden von Michel benutzten noch drei Handschriften existieren, die vielleicht an den angeführten Stellen andre Reimworte bieten. Gegenüber der Unzahl von Reimen, welche ō und ū scheiden, erscheinen mir diese sieben Reime, welche ō und ū vermischen, bedeutungslos.

Es könnte auch, was ich nicht zu constatieren vermag, die eine Gegend Englands früher, die andre später von der Verdorbnis ergriffen sein. Noch in dem ganz volksmässigen Hugo von Lincoln (bald nach 1255), wo ū sonst mit ō gereimt wird, reimt die Endung -urent: -ireut Str. 20. 63, und Rauf von Linham im Jahre 1256 (P. Meyer, Doc. man. 127) scheint ū nur mit sich selbst zu reimen. Doch weiss ich nicht, ob hier nicht vielleicht die Kürze der Auszüge oder Französischer Einfluss daran schuld ist.

Das hinter einem Consonanten im Auslaut stehende e gilt in einzelnen Fällen, die ich weiter unten aufführen werde, schon in der zweiten Periode als stumm. Auch in der vierten Periode sind die Fälle der Verstummung kaum häufiger geworden; sie begegnet niemals im Reime.

In der fünften findet sich dagegen die Verstummung des hinter einem Consonanten im Auslaut stehenden e im innern Verse auf Schritt und Tritt und ist auch im Reime nicht ausgeschlossen.

Hierher zu rechnen sind:

1) Hugo von Lincoln (bald nach 1255);
2) das Gedicht: Or vint la tens de may que ce ros panirra (Wright, Political Songs 63). Der Herausgeber setzt dieses und das folgende Gedicht in das Jahr 1264.
3) das Gedicht: Chaunter m'estoit (ebd. 125);
4) the Erection of the Walls of New Ross (h. v. Madden in der Archaeologia 22, 315) vom Jahre 1265.

Alle diese Gedichte schliessen sich der volksmässigen Aussprache an, beweisen also nicht dass um diese Zeit auch die Metrik der Kunstdichter sich schon der volksmässigen Aussprache gefügt hatte. Bei Kunstdichtern behält in der That das e seinen Silbenwerth noch länger. Vom Verstummen des e völlig unberührt ist ein bald nach 1263 verfasstes Gedicht (Mes de Warenne ly bon quens. Wright, Political Songs. 59), man streiche nur in dem Verse 'Que Sire Edward le fist avant' das Wort Sire. Ja selbst in dem Gedicht auf die im Jahre 1295 erfolte Hinrichtung des Thomas von Turberville (h. v.

Michel im Roman d' Eustache le Moine XLVII) ist nur ein
einziges e vernachlässigt (im Worte une).

Andre Dichter dieser Periode haben der volksmässigen
Aussprache Thür und Thor geöffnet, wie der Fortsetzer des
Brut (bei Michel, Chron. anglon. 1, 65) und Peter von Langtoft.
Wir kehren zu unserm Ausgangspunkte, zur Frage nach
dem Verfasser der Vie de seint Auban, zurück. Da letztere in
die vierte Sprachperiode zu setzen ist, kann sie sehr wohl der
Zeit des Matthaeus Paris angehören.

Im Vorbeigehen sei hier erwähnt dass auch andre Französische Texte dem Matthaeus Paris beigelegt werden. Madden
(in seiner Ausgabe des Matthaeus 3, LIV) hält ihn für den
Verfasser des Gedichts: Ore est acumplie, welches nach der
Angabe der einen Handschrift 1256 entstanden ist und zuletzt
von Paul Meyer in der Romania 4, 397 herausgegeben wurde.
Doch scheint diese Annahme wenig für sich zu haben. Eher
schon könnte man glauben dass die Prosatexte von ihm her-
rühren, welche Oudin und Madden ihm beilegen. Oudin (Com-
mentarius de scriptoribus ecclesiae 3, 215) schreibt ihm eine
Descriptio mundi zu und führt aus dieser folgende Stelle an:
Le Chastel de Dovre, l'entree e la clef de la viche (ich ver-
muthe: riche) isle de Engleterre. Nach Madden (Ausgabe des
Matthaeus 3, LII) hat Matthaeus ein Itinerarium für Pilger, die
von London nach Jerusalem wallen, mit eigner Hand entworfen
und die erläuternde Prosa in Französischer Sprache selbst
hinzugefügt.

Dass der Dichter des Auban literarische Bildung hatte
zeigt die Erwähnung des Neptun, des Pluto, der Thetis, Pallas
und Diana (v. 334. 335. 1261). Eigen ist ihm Wärme der
Empfindung, Phantasie, Gewandtheit des Ausdrucks. Seine
Darstellung ist anschaulich, reich an Bildern und Vergleichen
und keineswegs an die epische Formel gebunden, wenn auch
eine stellenweise Anlehnung an das Epos nicht zu vermeiden
war (sis nuns est en estoire e escrit remembrable, mes de lui
ki l'ocist n'est ja chançun ne fable 1041—42 u. a.). Am meisten
fällt hier die Bezeichnung der heidnischen Bewohner Englands
als Sarrazenen auf. Ein Matthaeus Paris musste wissen dass
von Sarrazenen auf Englichem Boden keine Rede sein kann.
Indessen konnte ein Dichter, der die Acta sancti Albani in

den Gesichtskreis des Volkes rücken wollte und obendrein zur
Erbauung nicht zur Belehrung schrieb, auch auf die populäre
Identification von Heiden und Sarrazenen eingehen.
Als Probe diene eine Stelle, die Aubans des mächtigen
Marschalls Kerkernoth schildert (V. 673 ff.). 'Auban betete im
Kerker zu Gott ohn Unterlass; dies that er ohne Ermüdung
Tag und Nacht. Busse übt er seine Sünden zu tilgen. Nicht
mehr trinkt er die guten Weine, die sein Keller birgt, aus der
prächtigen Schale, die ein dienender Schaffner reicht. Nicht
mehr hat er köstliche Speisen zum Mahle. Ein Gefängnis hat
er, ein dunkles, zum Saal und Söller, Handschellen und Fesseln
an lichter Goldspangen Statt; hat Feder noch Baumwolle noch
orientalische Pfellel noch seidene Steppdecken; nicht mehr ein
Bett hat er zum Schlafen. Hunger hat er und Durst und Frost
zum Abend und zum Mittagsmahl. Als Bett hat er den grauen
Fels, der so hart ist wie Stahl. All das erduldet Auban mit
wahrem und gutem Herzen. Viel muss für seinen Herrn er-
dulden ein treu ergebener Ritter'.
Wie in der Wahl der Worte so hebt sich auch in deren
Stellung die Sprache des Auban von der Prosa ab. Hierin ist
der Einfluss der Lateinischen Poesie kaum zu verkennen. So
wird das attributive Adjectivum gern von seinem Substantivum
getrennt: d'Auban avoit oï ke il *les deus* a *Sarrazinois* guerpi.
448—9 u *nuls* unc *hom* ala avant 803. *un autre* ad deus pur
ses martirs fait *miracle* e vertu 1384. So werden Satztheile
des relativen Satzes dem Relativum vorausgeschickt: noz deus
ki ad guerpi 419. de cest pais ki est tut sires ke bailli 459.
de uns enginnurs morteus ki est ovre e faiture 596. mal aient
deu, pere u fust u ki de metal sunt 643. Jesu ure, pur nus ki
en croiz fu pené 759. entre espines ki va c les cailloz menu 854.
Ein Fall mit kar: a genoilz e a cutes ad le tertre munté,
suvaus le cors Auban kar voer ad desiré. 940—41 (ähnlich
v. 134).
Eigenthümlich ist auch die ungemein häufige Verwendung
von 'du' und 'ihr' im selben Satz bei der Anrede an dieselbe
Person. Freilich ist dieses auch sonst nicht unerhört. Deus . . .
vus benoie e guard, ki tant pers prude her! 26 pur deü murras
martir, ço vus di 68. grantez mei par ta aïe par martire venir
au grant gueredun 1220. ore fai ke te dirai se ferez grant

saver 1658. ui receverez pur tun travail guerdun 1725. Achnliches findet sich in Fulke Fitz Warin. Dy moy, fet Payn, vus lede creature 20. poy resembles tu ton pere q' est si hardy e si fort, et vous estes coward cbd. 31. Bei Langtoft liest man sogar: tu faistes la desçayt. 1, 114 (tu fecistis!). Wilhelms von St. Albans Lateinische Prosa (ASS. 22 junii) scheint dem Dichter des Auban als Quelle gedient zu haben. Wilhelms Werk ist dem Abte Simon (nach Hardy 1166—88) gewidmet. Ob auch die versificierte Paraphrase dieses Werkes, welche auf Wilhelms Wunsch Ralf von Dunstable verfasste, benutzt worden ist, darüber hat uns Atkinson zu belehren versäumt. (Mir steht von Ralf nicht mehr zu Gebote als was Ussher S. 82. 89 mitgetheilt hat.) Maddens Angabe (Matthaeus Parisiensis 3, LIII), Stowe und Ussher bezeichneten Ralf als Quelle von Matthaeus Französischem Gedicht, ist nicht correct; dieser spricht sich gar nicht darüber aus, jener nennt ausdrücklich die Lateinische Prosa.

In der That schliesst sich an Wilhelm unser Text fast wörtlich an. Man vergleiche: Assertionem tuam non capit intellectus, ratio non admittit. Französisch: ço ne reçoit ne sen ne entendement 192. — His dictis surrexit et abiit ira commotus.... Solus in loco remansit Amphibalus noctemque totam pervigil in oratione transegit. A tant s'en part par ire e mautalent.... Amphibal sul i demuere e atent; davant sa croiz la nuit eu uraisuns despent. 197—200. — Dum patris vulnera filius alligaret, fratris manum frater superveniens amputavit. Tant cum li pere au fiz la plaie va bender, li frere li curt sure ki le vent esmanker. 1343—44.

Im Vorworte bezeichnet Wilhelm sein Werk als Uebersetzung eines 'liber Anglico sermone conscriptus'. Letzteren habe ein Christ lange Zeit nach Albanus Tode verfasst, nachdem er in einer Inschrift der Stadtmauern von Verulam die Beschreibung von Albanus Martyrium gelesen. Alles das ist natürlich nur Reclame. Wilhelm beschränkt sich im wesentlichen darauf Bedas Bericht (Hist. eccl. I. cap. 6. 7) romanhaft auszuschmücken und durch den Namen des Amphibalus (vgl. meine Anm. zu Auban 96) und die Geschichte von den zweimal tausend Märtyrern zu vermehren. Das erste Tausend Märtyrer kommt schon bei Gildas vor, bei welchem sie aber

sogleich nach Albanus Tode auf dessen Richtplatz das Martyrium erleiden. Wilhelm beginnt seine Erzählung also: Cum persecutio,
quae sub Diocletiano mota est in Christianos, longe lateque
desaeviret, vir quidam meritis et doctrina clarus nomine Amphibalus transiens in Britanniam Verolamium domino ducente
pervenit. Qui ingressus urbem, in domum divertens Albani
hospitium postulavit. Erat autem Albanus civis Verolamius,
vir eminens in civitate, ex illustri Romanorum prosapia origi-
nem ducens. Damit haben wir nicht nur den Inhalt des verlornen Anfangs, sondern auch der ersten 23 Verse des Französischen Gedichts. Ein Blick lehrt, wie sehr sich dieses durch
anschauliche, eingehende Schilderung vom Lateinischen abhebt.
— Auban verwirft anfangs die christlichen Lehren als wider-
sinnig. Nachdem ihm aber in einem Traumgesicht der ge-
kreuzigte Heiland erschienen, öffnet er ihnen sein Ohr und lässt
sich taufen. Nach der Taufe will Amphibal weiter ziehn nach
Wales (seiner Heimat nach dem Französischen; im Lateinischen heisst Amphibalus 'ultramarinus'), um dort das Evan-
gelium zu verkünden, lässt sich aber durch seines Wirtes Bitten bestimmen, noch eine Woche in Verulam zu verweilen.
Allabendlich ziehen die beiden in ein abgelegenes Haus und
pflegen dort der Zwiesprach von christlichen Dingen (cap. I.
v. 1—407).
    Aber ein heidnischer Mann gewahrt dies unheidnische
Treiben und bringt es beim Fürsten zur Anzeige. Auban soll
mit dem Tode bestraft werden. Er vernimmts, bringt Amphibal
die Kunde, gibt diesem sein heidnisches Prachtgewand, welches
er mit Amphibals Pilgerkleide vertauscht, und lässt ihn, ehe
der Tag graut, die Stadt verlassen. Kaum ist die Sonne auf-
gegangen, da naht des Tyrannen Schar, um Auban und seinen
Gastfreund zu verhaften. Da dieser entflohen ist, wird nur
Auban getroffen und mit roher Gewalt zum Fürsten geschleppt.
Der Fürst lässt ihm zwischen zwei Dingen die Wahl: wenn
er im Abfall verharrt, wird der Tod, — wenn er zum Heiden-
thum zurückkehrt, wird Reichthum und Ehre sein Lohn
sein. Da Auban standhaft bleibt, wird er gegeiselt und in
den Kerker geworfen, wo man hofft, die Zeit werde seinen
festen Sinn brechen. Aber kaum ist er im Kerker, so kommt

Noth über die, welche ihn in Noth gebracht. Da rinnt von
Stund an kein Tröpflein Regen vom Himmel, da fällt kein
Thau, da regt sich kein Lüftchen, da lindert nichts den glühen-
den Sonnenbrand. Es verdorren die Pflanzen, die Thiere
schleichen keuchend dahin, pestgetroffen sinken die Menschen
in den Tod. Die Heiden wollen eine grosse Versammlung
halten, um zu berathen, wie das Unheil abzuwenden sei
(v. 408—715).

An dieser Stelle hat der Französische Text eine Lücke,
die wahrscheinlich ein Blatt umfasst. Ich ergänze sie nach
dem Lateinischen. Niemand anders, sagen die Heiden, als der
von Albanus verehrte Gott habe die Noth über das Land gebracht. Albanus wird herbeigeholt und auf Bitten seiner Verwandten der Ketten entledigt. Da er dem ersehnten Märtyrer-
tod zu entgehen fürchtet, verweist er selbst auf die Strafen,
welche die heidnischen Gesetze über die Feinde der Götter
verhängen (cap. II). Einstimmig wird sein Tod beschlossen und
eine Stätte, Holmhorst genannt, zum Richtplatz ausersehen.
Nur über die Todesart herrscht noch Streit. — Mit dem Vorschlage, ihn gleich Christus seinem Vorbilde zu kreuzigen, setzt
der Französische Text wieder ein. Man erwägt, ob es nicht
angemessener sei, ihn lebendig zu begraben oder zu blenden,
und entscheidet sich endlich für die Enthauptung. Als das
Urtheil vollstreckt werden soll, drängt sich das Volk so dicht,
dass beim Uebergang über eine Brücke viele ins Wasser stür-
zen und ertrinken. Aber Auban fleht mitleidig zu Gott, und
die Ertrunkenen wandeln fröhlich im vertrockneten Flussbett.
Zeuge dieses Wunders ist Aracle, der Ritter welcher Auban
den Berg hinaufführt; er stürzt Auban zu Füssen und preist
mit lauter Stimme den Christengott. Da fallen die Heiden
über ihn her und lassen ihn mit gebrochenen Gliedern halb-
todt auf dem Sande. Weiter geht es den Berg hinauf. Da
liegen Verschmachtende auf dem Boden, welche jammern und
Auban verwünschen als den Urheber ihrer Noth. Aber Auban
fleht unter Thränen zu dem Gott, der Moses das Wasser gab,
auf dass sein Volk nicht verdurste, und aus dem Boden ent-
springt zur Labung der Heiden ein Quell. Es folgt Aubans
Enthauptung. Sein Henker erblindet.

Als der zerschlagene Aracle des Märtyrers Haupt berührt,

genest er von seinen Wunden und begräbt jenen mit Hülfe heimlicher Christen in einem Marmorsarg. Dann wird er selbst von den Heiden enthauptet (cap. III. v. 716—1051).

In der folgenden Nacht sehen die Heiden mit Staunen einen Feuerstrahl vom Himmel auf Aubans Grab herniedergehen (im Lateinischen heisst es: ecce columna crucis e tumulo beati martyris in caelum usque extendebatur) und Engel aufund niedersteigen. Da bekennen sich tausend Heiden zum wahren Glauben und machen sich auf den Weg gen Wales zu Amphibal. Einer erkrankt und muss unterwegs zurückbleiben; die übrigen gelangen nach Wales und überreichen dem Glaubensboten das Kreuz, welches der Hand des sterbenden Auban entsunken war. Amphibal vollzieht ihre Taufe. Von diesen Vorgängen gelangt die Kunde nach Verulam zu den Verwandten der Getauften, welche nach Wales ziehen und, da ihre Drohungen nichts vermögen, über jene herfallen. Sie tödten sie sämmtlich und führen Amphibal gebunden hinweg. An den 999 Märtyrern aber geschehen Wunder. Das Blut wird Milch, die Wunden verschwinden, und über den lichten Leichen halten ein Adler und ein Wolf schützende Wacht.

Der Kranke, der am Wege liegen geblieben war, erblickt den gefangenen Amphibal und genest durch dessen Gebet. Bald gelangt nach Verulam die Kunde von den Wundern, die an den 999 Märtyrern geschehen sind, und mancher bekennt sich zum Christenthum (cap. IV. v. 1052—1563). Aber aufs neue stachelt der Fürst die Menge gegen Amphibal auf, dessen Predigten noch immer zahlreiche Heiden zum Abfall bewegen. Der Fürst lässt die Abgefallenen sammt und sonders enthaupten (im Lateinischen Text sind es ihrer gerade Tausend).

Amphibal wird von der Menge, die ihm entgegen gezogen ist, gepeinigt und mit Steinwürfen getödtet. Im Sterben erblickt er Auban von Engeln umringt und bekömmt auf seine Bitte von Gott zwei Engel gesendet, die seine Seele gen Himmel entführen. Als die Heiden die Leiche verschwunden sehen — ein Christ hatte sie heimlich entfernt —, beginnen sie einen Kampf unter sich, in welchem Gott alle, die sich gegen den Märtyrer vergangen, mit grausiger Gliederverrenkung straft. Dies neue Wunder bewegt alle Verulamer sich taufen zu lassen und sich auf einer Fahrt nach Rom nähere Kenntnis der christlichen Lehre zu verschaffen (cap. V. v. 1564—1810). Am Schlusse weissagt im Lateinischen der angebliche Verfasser Englands Bekehrung zum Christenthum. Er profezeit: [Christiani] dei magnalia hoc modo libris adscrta reperient, legent et ad notitiam deferent plurimorum. Auch er will nach Rom ziehen und die Taufe empfangen.

Auch im Französischen Texte redet der heidnische Verfasser des Originals in erster Person. Auch hier weissagt er in ähnlicher Weise (1820—3):

La geste ai, cum la vi, escrit en parchemin.
Uncore vendra le jur, ben le di e devin,
la estoire ert translatee en Franceis e Latin.
Ne sai autre language fors le mien Barbarin.

Aber er ist hier zum Augenzeugen der Begebenheiten gemacht, während er nach Wilhelm weit später lebt.

Unter dem 'language Barbarin' wird man kaum das Englische verstehen können, eher das Welsche. Vielleicht versteht auch Wilhelm unter dem 'Anglicus sermo', darin seine angebliche Quelle verfasst war, das Welsche, da ein im 10. Jahrhundert aufgefundenes Buch über Albanus, welches niemand als der alte Priester Unwona zu verstehen im Stande war, 'liber antiquo Angelico vel Britannico idiomate conscriptus' genannt wird (Vitae S. Albani abbatum. Eadmarus nonus).

Zu den geringen Abweichungen des Französischen Textes vom Lateinischen, die ich hervorhob, kommt als wichtigste hinzu dass der Name Aracle (= Heraclius) bei Wilhelm nicht genannt wird. Woher hat ihn der Französische Dichter?

Ein Französischer Text, wahrscheinlich unser Gedicht, ist neben Ralf von Dunstable als Quelle benutzt worden von John Lydgate für sein Gedicht vom Leben des hl. Albanus (nach Atkinson VII). Ausserdem lernen wir durch Ussher S. 86 einen 'Tractatus de nobilitate, vita et martyrio S. Albani et Amphibali de quodam libro Gallico exceptus et in Latinum translatus' kennen. Vgl. auch Hardy, Descr. Cat. I. S. 18. 19.

Bedauernd dass mir so wenig Material zu Gebote stand nehme ich von der Quellenfrage Abschied und wende mich zu der Besprechung von Reim und Versbildung.

Von der 'Vie de seint Auban' sind 48 'tirades monorimes'

erhalten. Dieselben sind nicht assonierend, sondern gereimt. Nur flexivisches s oder z hinter dem Reimvocale wird nicht als störend gerechnet. Alle andern Abweichungen, welche Atkinson S. 118 in seiner Tabelle vereinigt, widersprechen nur scheinbar, da sie nur in der Schrift bestehen, nicht in den Lauten. So quor statt quer 104; cels: -eus 1482. Nach bekannter Schreibregel schrieb man, wie auch in Frankreich, nach Vocalen oft l, wo man u aussprach. (Altd. Bl. 2, 194. Ein augenfälliges Beispiel, muntolt statt muntout, steht im Jahrbuch 7, 53). Das Verstummen des l in gentilz 898, des s in cristz 899, der Stammauslaute c und f in paraletics, vifs u. s. w. ist von Alters her erlaubt oder geboten (V. 706 steht ydropis, 917 volentris).

Eingehender muss die Versbildung behandelt werden.

Atkinson kommt mehrmals auf diesen Gegenstand zu sprechen (Anm. zu 1. 10. 191. 589). Er hält die drei Hebungen in jeder Hälfte des Zwölfsilbers für das wesentliche und lässt, wo es ihm gut dünkt, zwei Hebungen ohne dazwischen stehende Senkung an einander stossen oder verlegt den Accent auf eine tonlose Silbe (Aúban, éntusche). Andre Gelehrte haben entweder die Regellosigkeit als einzige Regel der agn. Versbildung angesehen oder haben geglaubt, das Schwanken der Silbenzahl im agn. Verse auf Kosten der Englischen Schreiber setzen zu dürfen, in der Meinung, die agn. Dichter hätten sich den Gesetzen der Französischen Metrik gefügt, welche Meinung schon ihre verderblichen Früchte getragen hat.

Ich will versuchen, das für die agn. Versbildung characteristische hier kurz darzulegen.

Die 'Vie de seint Auban' zählt noch 1847 Verse. Zwei davon (773. 774) sind vom Herausgeber nicht mitgezählt. Vor V. 1 ist eine Lücke, nach 715 eine zweite; die Zahl der fehlenden Verse wird je nach der Zahl der Miniaturen an jeder Stelle zwischen 72 und 184 (= ein Blatt) betragen haben.

Ich benenne die Versarten nach der Silbenzahl, welche ihnen in der unverkümmerten Gestalt zukommt. Natürlich zählt die weibliche Silbe, welche der Tonstelle in Cäsur und Reim folgen darf, nicht mit.

Es wird gerathen sein, bei dieser Betrachtung ausser Auban noch ein in mehr als einer Handschrift erhaltenes Gedicht zu

Grunde zu legen, um damit Verderbnisse der Ueberlieferung einigermassen zu controlieren. Ich wähle dazu die zwischen 1174 und 1183 verfasste Chronik des Jordan Fautosme. Daneben durfte Renalt de Montalban schon wegen seiner frühen Abfassung nicht unberücksichtigt bleiben.

Fantosmes Chronik hatte in der ersten Ausgabe 2071 Verse, in der zweiten (an Benoîts Chronik III) 2066. Da aber V. 1. 2. 650 sicher, V. 999. 1000 wahrscheinlich unächt sind, bleiben nur 2061 ächte Verse.

Diese Verse zerfallen in vier Gattungen, von welchen der Verfasser des Renalt nur eine, der des Auban drei verwendet hat, nämlich:

1) *Zehnsilber.* Fantosme 646—765. Auban 191—9.
2) *Zwölfsilbler.* Der Zwölfsilbler ist der einzige Vers im Renalt, der vorherrschende im Auban. Bei Fantosme sind Zwölfsilber 1341—2019. 2024—7.

Vereinzelt begegnen männliche Vierzehnsilber unter den Zwölfsilbern bei Fantosme, auch weibliche kommen im Renalt vor. Bei Fantosme habe ich 55, im Renalt (Matthes machte 995 Verse davon bekannt) 74 Vierzehnsilber unter den Zwölfsilbern gezählt. Es ist die Frage, ob diese längern Verse von den Dichtern eingestreut oder von den Schreibern hergestellt wurden. Dass ein gutes Theil den Schreibern zur Last fällt halte ich von vorn herein für sicher.

Die Schreiber agu. Handschriften haben nämlich bei ihren zahlreichen Textesänderungen nichts so sehr zu bezwecken gesucht als grössere Deutlichkeit. In den seltenen Fällen, wo Worte weggelassen wurden, war die Veranlassung meist eine zufällige. Hingegen wurden die zahlreichen Worte, um die man den Text bereicherte, mit Absicht eingefügt. Zum Glück für uns sind diese Einschiebsel in bei weitem den meisten Fällen bestimmte Worte, deren Einfügung sich aus den verschiedensten Texten hundertfach belegen lässt. Die wichtigsten sind

a) e, mes und or(e);
b) pas oder mie bei der Negation;
c) das Personalpronomen als Subject des Satzes;
d) Appositionen wie rei, cunte u. dgl.;
e) fait il im Beginn einer directen Rede;

f) Artikel, Präposition und Possessivum, wenn der Dichter
diese Worte nur dem ersten zweier durch e verbundenen
Substantive vorsetzte, während der Schreiber sie dann
auch vor dem zweiten zu widerholen pflegt. Z. B. as
hospitals e *as* abbeyes. Jubinal, Nouveau Recueil 2, 45.
de solace e *de* comfort ebd. 309 vus estes son parent
c *son* dru ebd. 47.

Für weitere Beispiele könnte ich auf die Varianten zu
Fantosme verweisen, die deren viele enthalten. Ich will aber
noch die 17 Vierzehnsilbler des Renalt, welche weibliche Cäsur
haben, und die ich sämmtlich für verdorbene Zwölfsilbler halte,
herbei ziehen. Das cursiv gedruckte ist Schreiberzusatz.

a tant es *vus* la cuntasse 10, 17.

e dras e deniers e quanque li vendrat a gre 10, 28.

Man bessere 'e quanque' in quant und vergleiche 14, 1,
wo auch quanke statt quant steht.

a tant es *vus* un message 10, 29. 15, 2.

e sunt venu al rei Karle 13, 27.

e Rolant le nevou Karle 14, 11. Man lese: le neis wie 20, 8.

si frai *jo*, dist l'emperere 17, 1. 20, 22.

quant de *si* lointaine terre 20, 1.

dunc veissez par cele vile 20, 36. Man bessere cele in la
vgl. Diez, Gr. 3, 79.

kar *il* crent de cumbatre 21, 22.

mais ne plout a nostre sire 23, 16.

mais agardent la bataille 24, 34.

la dame overe la cortine 29, 2. Man bessere: ele overe.

apres icestes paroles 30, 21. Man bessere: cestes.

certes ço fud *grant* damage 31, 33.

e de sa beneite mere 32, 36.

Wer mir zugesteht dass die hier geübte Kritik sich mühe-
los aus der Sache selbst ergibt, wird mir auch Recht geben,
wenn ich die Vierzehnsilbler mit weiblicher Cäsur dem Verfasser des Renalt abspreche. Wie verhält es sich nun mit den
57 Versen mit männlicher Cäsur, welche noch übrig bleiben?
Ich habe den Versuch gemacht und kann versichern dass sie
sich ebenso leicht in Zwölfsilbler wandeln lassen als jene 17,
mit welchen wir eben die Probe gemacht haben. Daher ist

meine Ueberzeugung dass der ursprüngliche Vers des Renalt einzig und allein der Zwölfsilbler ist.

Was die 55 Vierzehnsilbler bei Fantosme betrifft, so lassen sich aus den meisten durch leichte Aenderung Zwölfsilbler herstellen, bei mehreru durch Umstelluug der Worte. Nur drei Verse (1717. 2000. 2026.) mit dem Namen Everwic vor der Cäsur leisten Widerstand. Von Langtoft 1,122. 248 scheint Everwyk zweisilbig gebraucht zu sein (Ev-ruic?); ob dieses auch bei Fantosme anzunehmen ist, wage ich nicht zu entscheiden. Nicht unmöglich aber ist dass Fantosme, der, um ein Sprichwort anbringen zu können, den Vers um eine Silbe vermehrt (en poi d'ure den labure 1578), sich auch bei manchen Eigennamen die Freiheit nimmt den Vers zu verlängern. Bei Peter von Langtoft scheint mir die Einmischung von Vierzehnsilblern unzweifelhaft und kommt am häufigsten vor, wenn die Cäsur hinter einen Eigennamen fällt.

3) *Vierzehnsilbler.* Fantosme 3—645. 766—1340. 2055— 2066. Auban 589—619. 722—736. 1242—68. 1368— 88. 1434—73. 1627—30.

Bei Fantosme haben die Vierzehnsilber stets männliche Cäsur, im Auban auch weibliche. Ferner gilt bei Fantosme ein Zwölfsilbler mit weiblicher Cäsur dem Vierzehnsilbler gleich, darf also beliebig mit ihm wechseln. Auch im Auban sind unter den 138 Versen, die ich als Vierzehnsilbler aufführe, 16 Zwölfsilbler. Unter letztern haben 11 weibliche Cäsur (602. 731. 1242. 1250. 1259. 1371. 1380. 1458. 1459. 1467. 1468), 5 männliche: 1248. 1368. 1378. 1379. 1469. Diese fünf Verse halte ich für entstellt.

Wenn Fantosme, wie Diez sich ausdrückt (Altrom. Sprachd. 107), hier und da das erste Hemistich des Zwölfsilblers um eine accentuierte Silbe vermehrt, so hat er sich hierin ohne Zweifel der Versbildung des Englischen angeschlossen. Wie bei Fantosme der Halbvers 'Gentil rei d'Engleterre' dem Halbverse 'Talent m'est pris de faire vers' metrisch gleich steht, so hat im Anfang des King Horn das Verspaar

Alle beon he bliþe
þat to my song lyþe.

metrisch gleiche Geltung mit:

He hadde a sone þat het Horn,
fairer ne mizte non beo born.

4) *Sechszehnsilbler.* Fantosme 2020 — 23. 2628 — 54. Da diese wegen ihrer Seltenheit interessanten Verse bei Michel nur mit Hülfe der Varianten lesbar sind, habe ich als Beigabe am Schluss Fantosmes Sechszehnsilbler mitgetheilt. Nur zwei Emendationen waren nöthig in den beiden Versen, welche der Gefahr der Verkürzung am ehesten ausgesetzt waren, weil ihnen Zwölfsilbler vorhergehen.

Die Cäsur theilt, wenn wir jedesmal die volle Silbenzahl der Halbverse angeben, den Zehnsilbler in 4+6, den Zwölfsilbler in 6+6, den Vierzehnsilbler in 8+6, den Sechszehnsilbler in 8+8 Silben.

Ehe wir uns der Hauptsache, den Gesetzen der agn. Versbildung, zuwenden, möge die Vermischung der Versarten, wie sie von Fantosme und dem Dichter des Auban gehandhabt wird, noch kurz unsere Aufmerksamkeit in Anspruch nehmen.

Um ermüdende Eintönigkeit zu meiden, haben schon Philipp von Thaün im Bestiarius, Wace im Rou mit dem Verse gewechselt. Philipp motiviert dies mit den Worten: Oro voil mun metre muer   pur ma raisun mielz ordener. Auch bei Fantosme hat der Wechsel der Versarten im allgemeinen keinen andern Zweck als grössere Mannigfaltigkeit. Nur wo Fantosme den Eindruck der Siegesnachricht schildert, hat er offenbar den Sechszehnsilbler mit Absicht gewählt. Bei dem Verfasser des Auban scheint stets bewusste Absicht vorzuliegen, stets ein bestimmter Effect beabsichtigt zu sein, wenn die Versart wechselt. So werden Zehnsilbler V. 191—9 verwendet zu Aubans rauher, entschiedener Antwort auf Amphibals Bitte, er möge den christlichen Glauben annehmen. Hinter dem ruhigen Fall der Zwölfsilbler sind diese kurzen kräftigen Zehnsilbler von trefflicher Wirkung. Dem Ausdruck der gehobenen Stimmung, des Ergreifenden, Feierlichen, Tragischen dient der Vierzehnsilbler, welcher mit dem Tetrameter Aehnlichkeit hat und vom Verfasser des Auban an sechs Stellen verwendet wird. An der ersten 589 ff. eröffnet Auban den Heiden, die ihn zur Rückkehr bewegen wollen, seine tiefe Ueberzeugung von der Wahrheit der christlichen Religion. An der zweiten 722 ff. berathen die

Heiden, ob Auban lebendig begraben oder geblendet worden soll. An der dritten 1242 ff. beschliesst der Fürst von Verulam, die Christen aufs blutigste zu verfolgen. Die vierte 1368 ff. meldet von den Wundern, die an den Märtyrern geschehen. Die fünfte 1434 ff. berichtet, wie Amphibals Gebet einen Kranken heilt. Die vier Verse der sechsten 1627 ff. schildern Amphibals Standhaftigkeit im Martyrium.

Aus ästhetischer Rücksicht macht vom Wechsel der Versart auch der Verfasser des Guy von Warwick Gebrauch, der zweimal die kurzen Reimpaare durch Tiraden aus Zehnsilbern unterbricht (Herbing, über die Handschrift des Guy von Warwick 51). Beide Male bilden Gebete den Inhalt der eingelegten Tirade. Im ersten Gebete findet sogar eine Steigerung statt, indem wiederum der Zehnsilbler dem Zwölfsilbler weichen muss.

Es ergibt sich dass eine bestimmte Darstellung keineswegs an einen bestimmten Vers gebunden ist. Vielmehr kann, wie in der Musik ein jedes Gefühl in jedem Tacte, so auch eine jede Stimmung in jedem Verse ihren Ausdruck finden. Das Wesentliche ist hier wie dort der *Wechsel* des Tactes, in Folge dessen die Zehnsilbler-Tiraden zu den kurzen Reimpaaren des Guy in demselben Verhältnisse stehen als die Vierzehnsilbler zu den Zwölfsilblern des Auban. Daher hat denn auch der Zehnsilbler im Guy eine ganz andre Verwendung als im Auban gefunden. Natürlich bin ich weit entfernt, den einzelnen Gattungen von Tact oder Vers ihre Eigenart absprechen zu wollen.

Unter den Abweichungen der agn. Versbildung von der Französischen sei zuerst die Vernachlässigung der Cäsur genannt. Diese zeigt sich, wie schon Diez hervorgehoben hat (Sprachd. 106), bei Garnier de Pont-Sainte-Maxence, dessen Verse im übrigen vom Französischen Standpuncte aus keine Incorrectheiten zeigen.

Dass im Anglonormannischen jeder Halbvers um eine Silbe, die ich als Auftact betrachte, verkürzt werden kann werden wir erst später kennen lernen. Von den Beispielen für die Vernachlässigung der Cäsur können nur diejenigen als sicher gelten, welche auch mit Auftact im zweiten Halbverse belegt sind. Die Verse des Auban, in welchen sich durch leichte Aenderung die Cäsur herstellen lässt, habe ich mit Stern bezeichnet und am Schlusse meiner Abhandlung zu denselben Correcturen vorgeschlagen.

1. Beliebt ist die Verlegung der Cäsur hinter das Relativum.
Im Zehnsilbler:
   la terre qui   ert de tanz biens si ploine. Fant. 696.
Im Zwölfsilbler:
   jo e li reis Yeus ki   sovent avez guerré. Ren. 14, 5.
   kar de nul home ke   vive n'unt mes pour. Ren. 14, 33.
   nul n'i remaint ke   arme pusse porter. Ren. 18, 27.
   Brien, dist li reis, quous   noveles aportez. Fant. 1984.
Im Vierzehnsilbler:
   celui tieng a sage qui   par autre se chastie. Fant. 4.
   Jesu n'aürai pur ki   ne doins une cenele. A. 1267.
   2. In gleichem findet sie sich hinter unterordnenden Conjunctionen.
Im Zwölfsilbler:
   ben li ad cunte, cum   Karles li ad respundu. Ren. 16, 9.
   tut seriez gari, si   poussez un poi suer. Ren. 20, 18.
   quant vint al terz ke   solail fud rescunsez. Ren. 25, 27.
   o plusurz poinz par unt   doit hom estre sauvez. A. 406.
   ço est la porte par unt   cuvent eu cel entrer. A. 1693.
   e cist s'en vunt cum   ost bani e plener. A. 1285.
   escotez ore coment   le jugement donayt. Langtoft 1, 122.
Im Vierzehnsilbler:
   alum vers Audnewic, si   me volez loer. Fant. 538.
   3. zwischen Adjectivum, Possessivum oder unbestimmtem
Artikel und dem zugehörigen Substantivum.
   en la terre a un son   privé les tramettra. Garnier ed
      Hippeau. S. 39.
   pardunez lui vostre   curuz e vostre irur. Ren. 10, 20.
   a sun col peut un   bon escu buclé. Ren. 21, 38.
   en sa main prent un   bon fort espié quarré. Ren. 21, 42.
   a sun poing prent un   gibet ben ovré. Ren. 22, 4.
   la se sunt li dui   ost entremellez. Ren. 25, 25.
   si vont [il] de lur   aventures cuntant. Ren. 26, 13.
   u noz deus unt lur   lei e lur poër. A. 49.
   trois persones, un   deu veraiement. A. 187.
   ki li doinne sun   segrei demustrer. A. 204.
   mes ne prist sum mis   quors ne mis pensor. A. 216.
   en noz deus ad grant   franchise e duçur. A. 580.
   reimes apres ço grant   gent de sei laburant. A. 1165.

Im Vierzehnsilbler:

tost morust Tenuaunce son   fiz comença regner.   Langtoft 1,60.

4. hinter Präpositionen, zunächst solchen mit vollem Vocal:

e demeinent grant joie por   Rollant ke unt en prisun.
Ren. 11, 35.

requerrum le par   amor u cumbaterum (Hs. u nos nus c.)
Ren. 12, 11.

seisaute reis ad a   sun servise apresté. Ren. 15, 23.

le message est a   sun seignor venu. Ren. 16, 8.

od un fort gleive par   andeus les costez. Ren. 30, 43.

de ses diz est a   mervelles meuz. A. 73.

par despit disoient a   genoilluns devant li. A. 239.

*cureut e poinnent a   cheval e a pe. A. 762.

batesme of nus pur   voz maus espurger. A. 1324.

de tou miracle k'en   lur terre (lur) est aparu. A. 1398.

Belynus son frere en   Fraunce l'ad enchacez. Langtoft. 1,44.

Im Vierzehnsilbler:

ce ne fud mes oï en   fable ne en geste. Faut. 116.

la vint li reis d'Escoce od   armee gent e nue. Fant. 570.

astrent tut Berewic a   flambe e a tisun. Fant. 803.

ore est David d'Escoce en   Engleterre venuz. Faut. 1108.

*nil fumes d'iluce esmeuz en   une cunestablie. A. 1450.

In folgenden Fällen trifft die Cäsurstelle hinter de:

de ses menbres e de   sa terriene honur. Garnier ed. Bekker
S. 62. ed. Hippeau S. 89. Schon von Diez citiert.

*mut cumence de   ço esmervoiller A. 42.

*ki ne se sevent de   tes laçuns garder A. 1649.

5. zwischen dem pronominalen Object und dem Verbum:

Im Zehnsilbler:

senz ço que lur   fust nul assaut duné. Faut. 758.

Im Zwölfsilbler:

il le resaluent sil   rovent venir digner. Ren. 19,3.

*Auban a tant s'en   est alez chucher. A. 201.

*gloire e clarté les   esceint e fluri. A. 265.

*dient esmesurez   vus, kar n'est pas si. A. 1518.

Im Vierzehnsilbler:

bien cunuis le barun kis   cunduit e kis guia. Fant. 1154.

6. zwischen Adverbium und Verbum:

saciez, seignors, mult   se vont esmaiant. Ren. 24, 16.

apres le manger si   unt les tables levé. Ren. 27, 24.
*les perillez rescuz   ja ki ore par es peri. A. 243.
Im Vierzehnsilbler:
e dient si cunseillier: Mar   aiez le chief enclin. Fant. 584.
seignurs, dist il, cist maus mut   surt e renuvele. A. 1245.

7. hinter den Conjunctionen si (lat. sic), ne, e.
uns dues vent devant si   prent eus a saluer. Ren. 19, 1
(viell. sis prent).
*mes dous nel vout ne   guerpir ne ubblier. A. 203.
*froisirent peres e   la lune enpali. A. 254.
*des relevees e   quant fu anoitez. A. 396.
*e cist respund ne   soiez ja espouri. A. 486.
*crient e breent e   a terre unt geü. A. 859.

8. zwischen Artikel und Substantivum:
n'en mustier, puisque la   justise i fust venuz.
Garnier ed. Bekker S. 92. ed. Hippeau S. 89. Schon von
Diez citiert.
dunc i survindrent les   quatre fiz Aimon. Ren. 11, 45.
icele nut est le   message sujorné. Ren. 15, 43.
e lur mandez le   bosoing ke vos avez. Ren. 16, 36.
de cumbatre as   Saracins e Persant (Hs. e a P.) Ren. 18, 23.
li reis Yeus vint as   portes si est entré. Ren. 19, 40.
*e de lui crut la   renumee e pris. A. 153.

In ähnlichen Fällen gestattet sich der Verfasser des Auban
auch das Enjambement. Doch scheint mir hierbei weniger agn.
Eigenart als Einfluss der Lateinischen Poesie massgebend gewesen zu sein, welchen ich auch oben (S. 8) glaubte constatieren zu können. Der Verschluss fällt

1. hinter das Relativum:
le sen au maistre prove   li deciples, a ki
en la grant seccheresce   li airs obeï. 1090—91.
vgl. auch 1515.

2. hinter unterordnende Conjunctionen:
chose ne purrunt   ja faire, par unt
diables mais aütre   k'en enfer sunt parfund. 641—42.
de Verolame u   herbergez (ches Auban) fustes, quant
passastes par Brettainne   d'orïent venant. 1126—27.

3. unmittelbar vor das Verbum finitum:

un poples cuntre lui   e cruel e hardi
vint, ki sa doctrine   despit e eschivi. 229—230.
vgl. auch 1435. 1720. 1725.

4. Andre Fälle finden sich 1323. 1363. 1748.

Was an agn. Versen zumeist ins Auge fällt, aber den Bau des Verses weit weniger beeinträchtigt als die verletzte Cäsur ist die Freiheit jeden Halbvers um eine Silbe zu verkürzen. Wir dürfen diese bewegliche Silbe als Auftact bezeichnen, da hier ohne Zweifel die Normannische Sprache eine Eigenheit der Englischen nachahmte, welcher es erlaubt ist, metrisch als gleich geltende Verse bald mit bald ohne Auftact zu bilden.

Daher kann der Zehnsilbler bestehen:

1) aus 4 + 6 Silben:

a tant s'en part   par ire e mautalent. A. 197.

2) aus 3 + 6 Silben:

li reis fait   sa gent apparaillier. Fant. 646.

3) aus 4 + 5 Silben:

cum il volsist   mes estre honuré. Fant. 750.

4) endlich aus 3 + 5 Silben, in welchem Falle jeder Halbvers in seiner kürzesten Form erscheint:

li mes lur   ad trestut cunté. Fant. 719.

Die kürzeste Gestalt des Zehnsilblers ist also mit der vollsten Gestalt des Achtsilblers identisch bis auf die im Zehnsilbler obligatorische Cäsur nach der dritten Silbe.

Der Zehnsilbler hat meist seine volle Silbenzahl, da bei Fantosme unter 119 Zehnsilblern nur 11, im Auban unter 9 nur 1 mit fehlendem Auftacte vorkömmt.

Für die übrigen Versarten wähle ich solche Beispiele, in welchen jeder Halbvers des Auftactes entbehrt, wo also die geringste Silbenzahl vorliegt. Für den leichter erkennbaren Fall, wo nur einer der beiden Halbverse des Auftactes ermangelt, wird es nicht nöthig sein, Beispiele zu geben.

Der kleinste Zwölfsilbler hat 5 + 5 Silben:

n'aveit ainz justé   bien trente anz passant. Fant. 1854.

n'oiez vers mes diz   quor dur ne ferrin. A. 53.

Der kleinste Vierzehnsilbler hat deren 7 + 5:

seignurs, fait li reis Henris,   kar me cunseilliez. Fant. 213.

e dist: amis, si te doinst   deus bonaventure. A. 592.

Der kleinste Sechszehnsilbler hat 7 + 7 Silben:

pes ad li reis d'Englcterre,

pris sunt tuit si enemi. Fant. 2043.

Einen Vers, nicht den unwichtigsten, habe ich bis zuletzt aufgespart, den *Achtsilbler*. Auch ihm darf der Auftact fehlen, in welchem Falle der Vers nur sieben Silben zählt:

de bon vin cler e scri Modwenna 1271ᵇ.

n'en sai nent, pur ço nel di. Modw. 1271ᵈ.

Beim Achtsilbler ist das Fehlen des Auftactes sogar älter als bei jedem andern Verse. Ich erinnere daran, dass der Verfasser des um das Jahr 1121 gedichteten Brandan seine Achtsilbler allemal dann um eine Silbe verkürzt, wenn sie weiblichen Ausgang haben.

Auf den ersten Blick scheint eine Incorrectheit vorzuliegen, wenn unter Achtsilblern Verse von sechs oder neun Silben vorkommen. Solche Verse von sechs Silben sind:

feynz, formentz,	fevez, peys.	Jubinal, N. R. 2, 44.
cynz puissez	vous crever.	ebd.
dont les vos	font grant noyses.	ebd. 46.
mult l'ad bel	acuillie.	Modw. 5ᵇ.
mult s'en est	esjoïe.	Modw. 35ᶜ.
que a deu	se ert voec.	Modw. 44ᵈ.
encuntre ad	ore amur.	Modw. 74ᵈ.
e en deu	cunforté.	Modw. 106ᵇ.
quant faite ad	sa oreisun.	Modw. 168ᵃ.
kar bien veit	e entent.	Modw. 169ᵇ.
puis les vait	mult hastant.	Modw. 240ᵃ.
suwe est la	mansiun.	Modw. 254ᵇ.
une plus laid	ne vit hum.	Modw. 313ᵈ.
tuit li funt	grant honur.	Modw. 517ᵃ.
plus unt or	e argent.	Modw. 538ᵃ. u. s. w.
ke li clerk	tant l'amoit.	Chev. D. Cl. 102.
tant ke pres	se aragia.	ebd. 108.
perdi force	e colur.	ebd. 129.
pur le clerk	pleide e crie.	ebd. 245.
entendez	ça, soer bele.	ebd. 352.
si l'ad trei	fez baisé.	ebd. 414.
li clerk donc	s'en ala.	ebd. 518.

cum deu le out   destiné. Thomas von Turberville.
si nul de eus   revenist. ebd.

Häufiger noch kommen Verse von neun Silben vor:

avauntez estes   de grant effrey. Jubinal, N. R. 2, 41.
o de mal fere   tenez son lu. ebd. 48.
seigneurs e dames·   ore emparlez.
que nos paroles   oÿ avez. ebd. 49.
e vus puceles   que tant amez. ebd. 49.
ki deu servirent   a grant dolurs. Modw. 10ᵈ.
e de puccles   ke purrum dire. Modw. 11ᵃ.
de quel lignage   fud engendree. Modw. 18ᶜ.
par un esvesque   de seinte vie. Modw. 30ᵇ.
desque l'evesque   s'en est alee. Modw. 41ᵇ.
a un seint home   qu'il mult ama. Modw. 45ᵇ.
en cuverture   ne en ubli mise. Modw. 52ᵈ.
ne poet la dame   ses bens celer. Modw. 54ᵃ.
en la pasture   vus en irez. Modw. 58ᵇ.
eschaper quident   pur verité. Modw. 96ᶜ.
pur deu requerent   que l'ein les guie. Modw. 100ᶜ u. s. w.
pur sa pruesce,   pur sa beauté. Chev. D. Cl. 64.
tant est malades   ne peut avant. ebd. 160.
ke seit encontre   sa volenté. ebd. 344.
pur nient le dites   nel creirai ja. ebd. 426.
vous estes folc,   jeo le vei bien. ebd. 430.
deskes a vespre   dunc se atornout. ebd. 459.
en une chambre   l'ad enfermé. ebd. 482.
de male gleive   tut detrenché. ebd. 516.
ore tost as armes   com bons vassals. ebd. 525.
de l'ewe beivre   chescuns estrive. Auban S. 56ᵇ.
li lus de bestes,   l'egle d'oiseus. ebd. S. 57ᵃ.
en hotes portent   cailloz [e tere]. ebd. S. 60ᵃ.
en Engleter[e]   sodeinement. Thomas von Turberville.
cillante pierres   a grant fusiun. ebd.

Wer diese Verse überflogen hat, die ich mit Absicht so zahlreich und aus verschiedenen Zeiten gewählt habe, wird auch über ihren Bau im Reinen sein. Das für den Achtsilbler von 6 und 9 Silben characteristische ist die Cäsur hinter der dritten oder vierten Silbe. Dem sechssilbigen Verse fehlt der Auf-

tact in jeder Hälfte. Der neunsilbige Vers hat beide Auftacte
und hinter der vierten Silbe eine tonlose unmittelbar vor der
Cäsur.

Die Cäsur des Achtsilblers hat Gaston Paris als ein Erbe
der Mittellateinischen Versbildung im Leodegar und in der
Passion nachgewiesen (Romania 1, 292. 2, 295) und aus fünf
Beispielen der Passion gezeigt dass der mit Cäsur versehene
Achtsilbler eine überzählige tonlose Silbe vor der Cäsur zulässt,
also neun Silben haben kann wie so oft in der Modwenna. Den
Provenzalen scheint die Cäsur im Achtsilbler als Princip des Verses völlig unbekannt zu sein; schon Graf Wilhelm von Poitou
verschmäht sie. Das Französische hat sie glücklicherweise frühe
aufgegeben. Nur das Anglonormannische hat das Gefühl für
dieselbe noch bis ins 13. Jahrhundert bewahrt.

Sobald der Achtsilbler sechs oder neun Silben hat, ist die
Cäsur obligatorisch. Verse von sieben oder acht Silben lassen
sich zwar zumeist, aber doch nicht immer mit Cäsur lesen.
Beispiele ohne Cäsur sind:

esteit en Escose manant. Modw. 1268c.
mais tuit li petit e li grant. Modw. 1272a.
kar si li veisel est trovez. Modw. 1281c.
a vus le voldrai enveer. Modw. 1283a.
e en vunt dampne deu loant. Modw. 1289d.

Verse von sieben Silben sind nur, wenn die dritte und vierte
Silbe tonlos sind, als cäsurlos zu bezeichnen. Der Fall ist
höchst selten. Ein Beispiel:

ke sa alme ne seit perie. Modw. 170c.

Das Schwanken der Silbenzahl zwischen 6 und 9 ist für
den Rhythmus des Achtsilblers verhängnisvoll geworden, indem
man schliesslich auch in sechs- und neunsilbigen Versen die
Cäsur vernachlässigte. Derartigen Versen scheint jeder Rhythmus zu fehlen. Nur selten begegnet der sechssilbige Vers ohne
Cäsur.

tuz assentir a un. Chron. anglon. 1, 62.
qui que aukes en beyt. (Or hi parra).

Desto häufiger ist dagegen der neunsilbige:
des autres Normanz ne sai conter. Chron. anglon. 1, 79.
de vostre venue mult vus merci. ebd. 80.

curtois e quentis estre voldroi. ebd. 83.
en la Novel Forest fu blessé. ebd. 91.
cumbien des charues en chascon vile. ebd. 92.
a cels dex dona sa beneiçon. ebd. 113.

Wie wollautend sind im Vergleich zu diesem Gestolper
noch Langtofts Verse, welcher zwar der Aussprache seiner
Zeit Rechnung trägt, aber den Rhythmus des Verses keineswegs
vernachlässigt.

Abgesehen von der Vernachlässigung der Cäsur und dem
Hinwegbleiben des Auftactes scheint sich die Anglonormannische
Versbildung von der Französischen nicht zu unterscheiden.
Wol aber machen sich Unterschiede in der Aussprache geltend,
die zwar dem Bereiche der Lautlehre zufallen, deren Kenntnis
aber zum richtigen Lesen der Verse erforderlich ist. Sie bestehen in der einsilbigen Aussprache zweier zusammenstossenden Vocale und in der Verstummung des tonlosen e. Um
sicher zu gehen, entnehme ich die Belege für den Silbenverlust
nur Halbversen mit Auftact, während ich für den Silbenwerth
eines Vocals nur Halbverse mit fehlendem Auftact zeugen lasse.

Fälle, wo Doppelformen desselben Worts von Alters her
neben einander hergehen, kommen nicht in Betracht. Ein ge-
übter Vorleser wird, wo der Schreiber unter mehrern Formen
desselben Wortes die verkehrte wählte, ohne weiteres die rich-
tige dafür eingesetzt und z. B. in 'jo peccheres orphanin' A
1835 über das s, in 'lores l'unt scisi e pris' A. 1598 über das
o von lores hinweggelesen haben. In meinen Citaten habe ich
bei den Lesern dieser Abhandlung das Gleiche vorausgesetzt.
Andre Fälle sind: 'puis respund cum celui' A. 591, wo cume,
'tant k'une chambre' A. 512, wo ke une zu lesen ist. Das e
in angere 1064 ist bekanntlich nur stummes Zeichen.

1. Unbetontes e verstummt vor folgendem Vocal im selben Worte, gleichviel ob letzterer betont oder unbetont ist.
Hierher gehören besonders flexionsbetonte Perfectformen. In
den Perfectis, welche ursprünglich statt des e ein o zeigen,
lag anfangs Zusammenziehung vor. Das einsilbige oust in der
von Jubinal herausgegebenen Altnormannischen Predigt 'Grant
mal fist Adam' ist das älteste Beispiel dieser Zusammenziehung.
Andre Beispiele gewährt der Brandan (sousum 763, ousum 764,
pouse 1573). Neben den zusammengezogenen Formen blieben

auch die vollen im Gebrauch und erlitten den Wandel des o
zu e. Dann erst lag die Möglichkeit des Verstummens vor.
Als 'man die Quatre Livres des Reis aufzeichnete, existierten
drei Formen neben einander: oust, eüst und ust; ob daneben
noch eine vierte Form, die älteste von allen, oüst, vorkam, vermag ich nicht zu constatieren. Das Wichtigste ist dass in
den Quatre Livres des Reis schon zahlreiche Beispiele die Verstummung des e beweisen: juine S. 48, juner ebd., vesture S. 76,
uissums 127, dust 211, bonured 272, dussent 406 u. s. w.

Als Beispiele für den Silbenverlust führe ich zuerst Perfecta an, in denen e aus o entstand: eumes A. 1273, eust Ren.
22, 20. 24, 1, ust A. 1771, eust A. 1346, cussent Fant. 1174, ussent
A. 795, cu A. 44. 1227. — deust A. 1265, deussez A. 551. 962. —
geusent A. 1543, geu A. 795. — meuz A. 479, esmeuz A. 521.
1450, esmue A. 537. — peus Jubinal, N. R. 2, 46. — peusum
A. 1299, poust Ren. 23, 32, peust Fant. 797. — pleust Fant. 1726.
— seuz A. 244.

Andre Perfectformen sind: receu Fant. 94. — creumes A.
1146. — parcruz A. 288. — recunu A. 1800. — deise A. 1825.
— bencie Ren. 26, 2, bencite ebd. 32, 36. — feimes A. 1546,
feistes A. 1129, feist Fant. 1813. A. 1560. — prist Fant 935. —
esteust Fant. 989. — veimes A. 1143. 1165, veist Fant. 1450,
veissez Ren. 20, 36, veissiez Fant. 1204, veisez A. 695, veu Chev.
D. Cl. 349. A. 541. 1155. — purvu A. 849.

Ferner andere Wortarten: empereur Ren. 14, 25. 31, en-
freignurs Fant. 683, salveur Fant. 1521, guerreur (statt: guer-
reieür) Fant. 2035, prechur A. 559, pecehurs A. 1047, precheur
A. 1479, chaçur A. 1421. — aleure Ren. 12, 36, vesture A. 604,
porture A. 614, adanture A. 619. — maluré A. 536. 756, bo-
nuré A. 1043. — scur A. 378. — meismes Fant. 194. 526. 1509.
1635. — juné Ren. 27,|17, jeune Modw. 48d, jonez Langtoft
1, 244. — ottrayt (auctoricabat) Langtoft 1, 72. 122. 156.

Dagegen behält e in den angeführten Fällen auch vielfach
seinen Silbenwerth. In Perfectis mit e aus o: eümes A. 1522,
eüstes Fant. 940, eüssum A. 1525, eü A. 1396. — seü A. 82.

Interessant ist die dreisilbige Verwendung der Form feüssez
Auban 611. Ich trage kein Bedenken die zahlreichen Schreibungen dieses Perfects mit unberechtigtem e (feumes feusse =
lat. fuimus fuissem) auf die Aussprache zurückzuführen. Man

bildete aus falscher Analogie, weil neben umes ein eümes, neben usse ein eüsse stand, auch zu fumes ein fcümes, zu fusse ein fcüsse.

Andre Perfecta mit silbebildendem e sind: recreü A. 862. — recuneü A. 93. — feïstes Fant. 8. — oceïsmes A. 1526. — veïmes A. 1184, veïssiez Fant. 866. —

Andre Beispiele: esling[e]ürs Fant. 1191, changeür A. 572, enginn[c]ürs A. 596. — ascür Fant. 461. — meïmes A. 656. — geïr A. 1236.

2. Aus der Zusammenziehung zweier gleichen Vocale entsteht ein einfacher Vocal: guaignerunt Fant. 402, guaignage Fant. 579, gainnur A. 1141, graut Ren. 10,22. 22,30, graante Fant. 520, granter Fant. 926. 987, graute A. 30. 785, age A. 288. Grante, age entstanden zunächst aus graante, aage, diese letztern Formen aus greante, eage; es liegt also Zusammenziehung vor, nicht Verstummung des e. — seez Ren. 11,16, seicz Ren. 26,24 ceer (lat. sedere) Ren. 11,18, veer Modw. 528c, ver Chev. D. Cl. 240. A. 761, veez Ren. 22, 26. 34. Fant. 169. 335. A. 286. 1185, precher A. 45. 1642, prechant A. 806. 1292, pescera (statt pescciera) Fant. 1241, seete Modw. 203b, veel Modw. 1000a, memes Langtoft 1, 224. Hicher ziehe ich noch rainst Fant. 1890, reinst A. 1799. (vgl. raeinst Oxf. Ps. 106, 2), rançum A. 94. 292. 1024. (aus raançun, raençun), penant A. 1827, manglé Bat. de Mansourah in Joinville ed. Michel. S. 347. 352. (vgl. mahanglé Langtoft 1, 254; doch könnte demangler Joinville S. 348 auch gleich demagler Langtoft 1, 16. 224. sein).

Die Zusammenziehung findet an der Wortgränze statt. ço oïd Fant. 1410 (dagegen ceo oï als drei Silben Chron. anglon. 1, 68.) a Appelbi Fant. 1458, a Audnewic Fant. 1692. 1700. 1710, a'mendement Modw. 393a, a'bredune (statt a Abredune) Modw. 1319b, ke li sancs raa aval A. 1610, ferma'scalon (statt ferma Ascalon). Bat. de Mansourah in Joinville ed. Michel S. 339, od moi'icz (statt od moi oicz) ebd. S. 343.

3. Aus a + i, a + u entstehen die ächten Diphthonge ai, au: pais nur Ren. 21,15. Langtoft. 1,146, sonst stets païs Fant. 968. A. 715. 1119, pesant Fulke F. W. 90, traitres Fant. 892. A. 1101, traisun Modw. 228c. Chev. D. Cl. 472, tresoun Fulke F. W. 37. Langtoft 88, parais A. 109, auné Modw. 1940b. Dagegen envaïr Fant. 147, Raül Fant. 172, aürent A. 1798.

An der Wortgränze: a itant Ren. 24,7. Chev. D. Cl. 362, a icel tens Modw. 1818ª, la u Ren. 13,2. Fant. 1369. Chev. D. Cl. 266. 540. (in diesem Falle tritt bekanntlich auch in Frankreich Zusammenziehung ein), a un A. 890, a une A. 75 (oder une mit stummem e).

Für die Entstehung der Diphthonge ei, eu, oi, ou sind die Beispiele selten, vgl. reine Chron. anglon. 1,73. 74, treuz Ren. 22, 32. 25,13. 26,45, oisez Ren. 20, 33. 28,8, oi 26,33, oi audivi Chev. D. Cl. 437, vgl. oïsmes A. 1533, oï A. 76. 131 u.s.w., espottri A. 486, Leïrcestre Fant. 2036 vgl. Thomas ed. Hippeau S. 21. Gloücestre Fant. 981. Thomas ed. Hippeau S. 33. Gaimar 6449.

4. Wenn ein i oder u vor folgendem Vocal seinen Silbenwerth einbüsst, so tritt in der Aussprache y oder w an seine Stelle.

Beispiele für i: Yeu Ren. 10,5. 9, crestienté Ren. 28,3, 29,7, seriez Ren. 20,18, viande Fant. 1413, aurium Fant. 794. purriez Fant. 1148, aliance A. 299, celestien A. 302, revelaciun A. 313, diable A. 1599, deble Fulke F. W. 20. Blonde von Oxford 2647. 4480, erceden (archidiaconus) Langtoft 2,4.

Einsilbigkeit findet an der Wortgränze statt in i out Ren. 14,44, de ci al Ren. 17,40, li ad Ren. 16,6. 9, li aiderum Fant. 452, li autre Fant. 1825, n'i aveit Chev. Cl. D. 52, failli avoit ebd. 234. 456, ki a A. 466. 524, ki or A. 243, li ad A. 960, li avoit A. 391, si a A. 1567.

Dagegen ist Zweisilbigkeit vorhanden in: Yëus Ren. 14,27. 17,31, terriën Fant. 139, legiün A. 303, remissiün A. 330, sauvaciüm A. 1194, alïé A. 1272, lïër A. 1615, celestiëns A. 723 diäble A. 287. 1048, crestiëns A. 420, oriënt A. 1127, Beliäl A. 1622, und an der Wortgränze in: i äut Ren. 12,30, ki östoit A. 727, li äd A. 374, li öfrimes A. 1149, li üns A. 1168. 1592.

Die Fälle für u sind selten: sues Ren. 12,34 (zweifelhaft), Giueu lat. Judaei A. 307. Giu A. 1660. Das Wort anuel A. 625 hat schon in den ältesten Texten (im Computus z. B.) nur zwei Silben.

u gilt als Silbe in huël A. 1427, Giuëus A. 240.

5. In andern Fällen ist die Einsilbigkeit wahrscheinlich nur eine Folge rascher Aussprache der beiden Vocale: paens A. 826. 884, paene A. 337, voer lat. videre A. 941, leal A. 601

leaus A. 171, leument A. 1215, leus (im Reime) A. 1471, Joue (aus Johane): bone Jubinal N. R. 2,34.

An der Wortgränze: ça enz Fant. 1979. Modw. 703c, loinz (aus la enz) Modw. 891ª, leyns. Chev. à la Corbeille S. 37, c as Ren. 19,12. 17,14. 41, c a Fant. 1409. Letztere und andre Fälle sind mir fraglich. Citoien scheint A. 285. 1229 zweisilbig gebraucht und ist wol citecin zu lesen, wie S. 56b geschrieben ist. Zwei Silben bilden die zusammenstossenden Vocale in leäument Fant. 850, poëstis Fant. 1118, paëns A. 727. 1056, leün A. 281, leöuesse A. 1405, purvoïer A. 1695, reäl A. 1616, poër A. 49.

6. Hinter vollem Vocale darf prothetisches e ausbleiben, e von est und en (lat. inde) schwinden. In wie weit das älteste Französisch derartiges zuliess hat GParis in der Alexius-Ausgabe S. 132 erörtert.

Beispiele: e esquier Ren. 18, 26, vgl. e Escler Ren. 19, 14, a scient Fant. 281. Modw. 859d. 16S0d. Beuets Thomas 569, e escuier Fant 1791, e estabilité A. 660, ki est A. 742, k'ami est A. 1309, ço est A. 1693. — c en Ren. 21,8. 25,30, jo eu A. 829, ki en A. 588, tu en A. 585. (aber li ën A. 176).

So auch e der Präpositionen en und entre: e en A. 312, e endoctriné A. 341, la'ndreit, ça'ndreit oder laundreit, çaundreit sind auch in Prosa häufig. — e entre Ren. 29,3.

7. Hinter betontem Vocale können die Pron. pers. me, te, se, le, les ihren Vocal einbüssen; doch zeigt die Schrift gern die vollen Formen. kis (statt ki les) Fant. 1154, celui le gard ki cria A. 528. Ich lasse weitere Beispiele hinweg und verweise auf GParis, Alexius S. 133.

8. Wo die Pron. pers. me, te, se, le, les unmittelbar hinter ne oder hinter me, te, se, le stehen, können sie nach altem Gebrauche ihren Vocal einbüssen (Alexius S. 133. Gr.2,107).

si dunc ne me puis succurre. Fant. 503.

ke ne me chargez de cest honur. Modw. 139d.

ne te serroit or rançum. A. 94.

Im Anglonormannischen ist dieses Gesetz dahin erweitert, dass die Verkürzung ganz im allgemeinen hinter tonlosem e eintreten und sich auch auf ne, de, de- und re- in Zusammensetzungen, sowie auf die Formen des Artikels le, les, des erstrecken kann. (Auf die Verkürzungen der Pronomina hinter

32

que, entre, contre bei Benoit macht Settegast, Benoit de Sainte-
More S. 43 aufmerksam.)
e demeinent grant joie por. Ren. 11, 35.
e des autres chevaliers. Ren. 13, 26.
e de terre erestre ble. Ren. 15, 8.
icil ad entre les deus. Ren. 15, 27.
e les quatre fiz Aimon. Ren. 18, 43. 19, 43.
la dame plure de joie. Ren. 28, 45.
parole devant les autres. Fant. 439.
e les escuz damagier. Fant. 656.
qu'il ne nus face detraire Fant. 1409.
(mes) pur ce qe bien vivre ne volez. Jubinal, N. R. 2, 43.
vivre ne porrez matyn ne seyr. ebd. 48.
les bons e les malveis dampnera. Modw. 17d.
ke nule de dames puisse issir. Modw. 164b.
desque les espalles nue ester. Modw. 338b.
parole de deu enteire e pure. Modw. 463d.
e plure des olz pitusement. Modw. 501b. 869b.
ke revertir volt a sun païs. Modw. 528a.
ancele se cleime pur verité. Modw. 742c.
ja nule de vus n'en escorrat. Modw. 780b.
li sule remeint en cest muster. Modw. 800a.
u l'autre ne deive bien partir. Modw. 809d.
de sa dolur e de sa feisance. Modw. 923b.
parole de deu e nette e pure. Modw. 929c.
une des rorurs apele (IIs. apela) avant. Modw. 951a.
encuntre le curs de la rivere. Modw. 962a.
e de Modewenne la honuree. Modw. 1810d.
que ne voleit estre loing de li. Chev. D. Cl. 86.
por poi ke sun sen ne rechaungat. ebd. 126.
li clerk la damoisele requist. ebd. 223.
e de la folie se chastiereit. ebd. 248.
kant faire me poez aleggance. ebd. 316.
ke apertement e de gre suffrir. ebd. 345.
de suth un perer se reposa. ebd. 464.
fole me quidout aver trové. ebd. 530.
mes fud le clerjastre de la vile. ebd. 559.
ke deceivre la quidout par gile. ebd. 560.
ke ne fuissez detrenchez. A. 95.

e cist ja noise ne fist. A. 247.

a deu mué le curage. A. 296.

e lo crucifi en sun. A. 323.

e le subterin Plutun. A. 336.

en tenegre devant jur. A. 554.

e defulé e senglant. A. 1163.

e par esample de vus. A. 1226.

ke le cors Aracle est si sané. ebd. S. 58ª.

Genoveve de Paris [numee]. ebd. S. 58b.

utre le punt esteit un paÿs. Jubinal, N. R. 2,305.

la beuté descrivre ne sai mie. ebd.

de France ne dona une allye (Hs. aylle). Thomas von Turberville.

fert de launce e de l'espé. Langtoft 1,144.

deça la mer e dela. ebd.'170.

deça la mer ne dela. ebd. 178.

en l'un e l'autre de saunk. ebd. 222.

a partir e deviser. ebd. 230.

Die in der ersten Hälfte des 13. Jahrhunderts geschriebene
Modwenna-Handschrift legt vielfach Zeugnis davon ab, dass s
im Auslaut hinter tonlosem c vor consonantischem Anlaut verstummt. Diese Verstummung scheint auch hinter auslautendem
-es die Verkürzung zu ermöglichen.

les dames se sunt a tant alces. Modw. 903.ª.

des robes se vunt apariller. Modw. 912b.

de riches, de poveres ensement. Chev. D. Cl. 75.

des homes, de femmes, de tote gent. ebd. 76.

Mehrere der angeführten Beispiele lassen sich durch Verstummung eines c oder durch leichte Correctur entfernen z. B.
qu'il ne nus face detraire. Fant. 1409 durch Streichung von
qu'il. Doch scheint mir in den meisten Fällen die Verkürzung
unanfechtbar, zumal es sich nur um die Anglonormannische
Erweiterung eines der Französischen Sprache von Alters her
eigenthümlichen Gebrauches handelt.

9. e verstummt in mehreren Fällen zwischen Consonanten.
frai statt ferai findet sich schon in den Quatre Livres des Reis
S. 12. 13. 18. Fant. 69. 188. 808. Chev. D. Cl. 494. A. 450. 1263,
auch feseit einsilbig A. 1170. Langtoft 1,196. Seltner ist ferai

zweisilbig Ren. 12,10. A. 188. — esperit ist zweisilbig im Auban
168. 186. 250. 893, dagegen dreisilbig A. 340. — Neben gueredun A. 1221 erscheint guerdun A. 1045. 1725. — pelerin zweisilbig Auban 423. — ebenso enemis A. 1213. Langtoft 1,130. Var.
— sevelist Langtoft 1,120. 146, — serement Chron. anglon. 1, 67.
— darayn einsilbig Langtoft 1,84, dreyn Fulke F. W. 22. 28. —
corone einsilbig Chron. anglon. 1, 66. 67. — rovelaciun A. 343. —
covenist Chev. D. Cl. 198, covenant ebd. 404, revenir ebd. 454,
covenaunt Langtoft 1,48. 218. Wie man sieht, ist in den meisten
Fällen ein r im Spiel.

In der Lautgruppe -rer- wird e gern ausgestossen. livrai
Fant. 420, allrai (statt allrerai) A. 1267, emperiz Chron. anglou.
1,109, emperyee Langtoft 2,1, demorait (statt demorerait) Langtoft 1,12. 106, perrye (statt perrerie) ebd. 42, endurayt (statt endu-
rerayt) ebd. 80.   ˚

10. Tonloses e kann verstummen, wenn ein Vocal unmittelbar vorgeht.

Beispiele: Marie Ren. 11,9. 19,30, joie Ren. 11,35, Lowis
Fant. 31. 34. 133. 455, dagegen dreisilbig 85. Ich nehme an dass
die verkürzte Form aus Loëwis entstand (Thomas ed. Bekker S. 65.
95), und nicht aus Loweïs (Thomas ed. Hippeau S. 146. 147),
veraiement Fant. 279, soldeies Fant. 605, prie Fant. 765, Lohe-
reng Fant. 892, crierunt Fant. 1799, seie Modw. 197c, joie Modw.
334d. Michel rapp. S. 113, praerie (das erste e ist stumm) Modw.
1749d, veie Modw. 1393a, espeie Modw. 1921a, limer (statt lië-
mier) Modw. 203a, mie Modw. 155b, chastiereit Chev. D. Cl. 248,
joie ebd. 268, maladie ebd. 276, vie ebd. 302, voie A. 733. Die
Endung -ée (lat. -atam) reimt zu eé (lat. actatem) A. 529.
espounté Jubinal, N. R. 2,358.

Hierher gehören auch die Fälle, wo das e der Verbal-
endung -ent seinen Silbenwerth verliert, wenn ein Vocal unmittelbar vorgeht. resaluent Ren. 19,3, aloent Ren. 25,41, seient
Ren. 31,2, saveient Fant. 998, aveient Fant. 1061. 1410. 1879,
teneient Fant. 691, dient Modw. 322d, poent Modw. 526b, veient
Modw. 1284a, disoient A. 239, aient A. 643 dient A. 1518, poent
(: garderunt) Bat. de Mansourah in Joinville ed. Michel S. 333,
envaynt (lat. *inde-viabant) Langtoft 1,92, pount ebd. 100. 110.

11. Anlautendes a-, es-, en- können Abfall erleiden.

Beispiele für den Abfall von a-: cherer Modw. 219 b, masser

Modw. 1348 d. 1601c, fubler Conquest of Ireland S. 29, monester S. Edward 666, choison (Or vint la tens), peler Blonde von Oxford 2628, cater ebd. 2637 chater ebd. 3101, prochier ebd. 3112, traper ebd. 3350, corder ebd. 3358, comer Stengel, Cod. man. Digby S. 49, coler Langtoft 1, 10, procher ebd. 88, 92, valer Fulke F. W. 37, 39.

Umgekehrt findet sich a vorgesetzt: affermer Langtoft 1, 134, amarier Chron. anglon. 1, 103.

Beispiele für den Abfall von es-: panir (Or vint la tens), maier ebd., bouser (lat. sponsare) Blonde von Oxford 2826 pouser ebd. 3151, conser ebd. 2688. 3099, suier ebd. 3125, pervier ebd. 3145, loyner Stengel, Cod. man. Digby S. 127, pee Fulke F. W. S. 19.

Beispiele des Abfalls von en-: glais statt Anglais (Or vint la tens), contrier ebd., tendez ebd., tendu Blonde von Oxford 2690, ganer ebd. 3108. 3133, gines Bat. de Mansourah an Joinville ed. Michel S. 331, terrer Chron. anglon 1, 116.

In einem Beispiele erleidet re- Abfall: pona statt respondit (Or vint la tens). Aber das Gedicht, welches dieses Beispiel aufweist, ist von einem Franzosen gedichtet und scheint die Anglonormannischen Sprachfehler zu übertreiben.

Dem Abfall der drei Lautgruppen ging eine Zeit voraus, in welcher man sie vertauschte. Der Schreiber der Modwenna ist völlig in Ungewisheit, wo er a-, wo es-, wo en- zu verwenden hat. Daher findet sich neben esluigner Modw. 1857a auch enloigner Modw. 1165 d und aloingner Modw. 1204c, neben esmaier bald amaier Modw. 702c Chev. D. Cl. 476, bald enmaier Stengel, Cod. man. Digby. S. 30, neben esmerveiller bald amerviller Modw. 966 c Chron. anglon. 1, 96, bald enmervayller Langtoft 1, 246. Statt es- zeigt en- enmeu Langtoft 1, 240. 260; a- zeigen abatu Chev. D. Cl. 527, abay Jubinal, N. R. 2, 36, affraé Langtoft 1, 12.

a- wird zu es- in esbraser Modw. 1224b, eschever Modw. 335 a. 705 d. Daneben erscheint abraser und achever (1202a), eslumer A. 340. — a- wird zu en- in envancer Chron. anglon. 1, 75, endeser Stengel, Cod. man. Digby S. 25, ensur Fulke F. W. S. 113 (statt aseür; es ist das Englische ensure). Bekannt ist encheson (lat. occasionem).

en- wird zu es- in esluminer A. 184, eschantement A. 195, esceindre A. 265, esnuier A. 375, escercher A. 436. — ebenso zu a-: atendre (Or vint la tens), acontrer Jubinal, N. R. 2, 35, assercher Langtoft 1, 114.

Was die Vertauschung von es- und en- betrifft, so erinnere ich daran, dass auch in Frankreich verstummendes s vereinzelt mit n wechselt (Förster in der Zeitschrift für Oesterr. Gymn. zu Durmart 6537). Ausserdem scheinen folgende Lautübergänge die angeführten Vertauschungen bewirkt zu haben:

a) Wandel des a in e: ebeissee Modw. 801 d, efebliés Modw. 1112 d, essemblé Modw. 1599 a. 1651 d, cresteient Modw. 1900 d, essailli Modw. 1991 d.

b) Wandel von e in a: rapairer Modw. (sehr häufig), alevee Modw. 1892 b, asmerveillé Modw. 1695 a, aspessement Modw. 538 c, maprisun Modw. 1204 d, asteindrat Modw. 803 a, desasperance Modw. 1195 c, asteie Modw. 1187 b, assuez Ren. 30, 12, ascapa Ren. 31, 18.

c) Das Verstummen des s vor folgendem Consonanten: epande Modw. 1118 c, epiriz Modw. 1227 a, eparnic Modw. 1929 a, eforcé A. 768.

d) Nur selten geht en- in an- über: annuer Modw. 1159 c, crestianté Modw. 1313 c, an Langtoft 1, 54; nur sauz (lat. sine) ist häufig.   •

12. Ein wichtiger Punct ist das Verstummen des tonlosen e im Auslaut hinter einem Consonanten. Man erwarte von mir nicht dass ich die Fälle, wo e verstummt, bestimmt umgränze. Das Material, welches mir zugänglich ist, reicht dazu bei weitem nicht aus. Nur mit Hülfe einer kritischen Ausgabe eines gut überlieferten Gedichtes würde ich im Stande sein, den Sprachgebrauch eines bestimmten Schriftstellers in dieser Hinsicht festzustellen. Für den Sprachgebrauch irgend eines Zeitraums liessen sich auch Urkunden und gleichzeitige Handschriften zu Rathe ziehen; doch ist zu bedenken dass die Schrift oft zäher ist als die Aussprache und sich oft lange sträubt, von Lautveränderungen Notiz zu nehmen. Unter den wenigen Fällen, welche ich für die Verstummung des e anzuführen habe, dürfen nur diejenigen als sicher betrachtet werden, welche durch eine Reihe von Stellen belegt sind.

Schon in der zweiten Sprachperiode scheint e vereinzelt stumm zu werden. Wiederholt kommt das Wort 'sire' im Renalt S. 11. 13 und bei Fantosme 1421, 1541, 1544, 1549, 1558 mit stummem e vor (doch auch mit lautem e Ren. 13, 8). Andere Beispiele aus Renalt sind: emperere 11, 10. 28, 13, cele 20, 36. 43 (doch vgl. S. 16), manere 22, 7, noveles 26, 33 (doch vgl. S. 30), le creme 29, 45.

Bei Fantosme erscheinen guerre und terre sogar im Reime mit stummem e 999. 1000, aber nur in einer Handschrift. Die Aechtheit dieser Reime ist sehr zweifelhaft. Sicher hingegen scheint gravent (statt gravente) Fant. 1780, gleichfalls im Reime. Da ich bis zum J. 1249 kein weiteres Beispiel für den Schwund eines e im Reime beibringen kann, möchte ich Fantosmes gravent lieber zu den Fällen rechnen, in welchen auch in Frankreich zuweilen e abgeworfen wird (Andresen, Ueber den Einfluss von Metrum Assonanz und Reim S. 9). Andere Beispiele sind: Willame 323, 1712 (aber e ist laut 422. 478), ceste 17, scisante 161, evesque 385, ure 1578, wo aber vielleicht dem Sprichwort zu lieb der Vers um eine Silbe vermehrt ist, terre 186, Engleterre 1108, 1530 vgl. 791, dire 1448. Ele führe ich nicht an, da auch in Frankreich dafür el erscheint.

Aus der Modwenna habe ich folgende Beispiele zur Hand: dame 236c, 271c, 626a, 802a, 881b, cele 631c, 740b, 1114c, ceste 831b, 897a, home oder mere 1733d, pere 638c, mesaise 756b, gar! gar! 1832c.

Aus dem Fabliau (Romania 1, 73): dame 36, 83, 118, 164, 168, 263, 305, 351, 391, 523, dammoisele 252, cele 360, une 383, 463, femme 440.

Aus Auban: sauf 244, esclavine 519, image 624, pere 644, ceste 745, gar 956, une 75. ´1450, recleim S. 56b, of 101, 318, 909. (noch bei Fantosme stets zweisilbig ove oder ovoc 1540), nunante 1403.

Philipp von Beaumanoir, der in Blonde von Oxford den Grafen von Gloucester gebrochenes Französisch reden lässt, hat nur in porcel (komische Entstellung aus pucele) 2824, 3151 e verstummen lassen, im Inlaute aber (in eusmes u. s. w.) e stets als Silbe gerechnet.

Ich habe oben die fünfte Sprachperiode als diejenige de-

finiert, welche die Verstummung des e im innern Verse häufig
gestattet und auch im Reime nicht ausschliesst.

In der Schlacht von Mansourah (1249) fällt e nur in dem
als Masculinum gebrauchten Worte baner ab (Michels Joinville-
Ausgabe S. 345, 346).

Hugo von Lincoln (bald nach 1255) zeigt folgende Fälle
im Reime: ure Str. 28, sure ebd., terre Str. 36, mere ebd.
[Man lese diese Strophe, die bei Michel und Wolf unverständlich ist:

> Parfond sait fui dedenz la terre,
> ke hom crestien ne de mere
> u seit enterré puis vere (= possit videre)
> nostre priveté ne savere.]

fontain Str. 48, a pain ebd., ur 59, aventure ebd., esglise 69,
chanoin 70, mere 71, chere ebd., test 86, hont 92.

In Chaunter m'estoit (vom Jahre 1264, Pol. Songs. 125)
stehen Caunterbyr und pyr im Reime.

In der Erzählung Du roy ki avoit une amie. Jubinal,
N. R. 2, 309 stehen im Reime leer (latro), cher (cara), baner,
corun.

In der Fortsetzung des Brut (Chron. anglon I) reimt
moster : pere S. 71, Normanz : Franz S. 75, mesaventur : dolur
S. 79, oisel : hel (lat. alam) S. 83.

Bei Peter von Langtoft finden sich im ersten Bande bis
S. 264 folgende Fälle der Verstummung im Reime: lycens 14
Var., purpense 16, frer 58. 182, pere (lat. patrem) 50. 58. 190,
emperer 62. 66, baner 78. 192, trent 80. 86, Per (Petrum) 110.
132, coroun 146. 172, maners 174, peres (petras) 176, enclyn
180, aumoun (Almosen) 248.

Ob auch der Artikel le stummes e haben kann, wage ich
nicht zu entscheiden. Doch seien folgende Fälle notiert, die
in der That dafür zu sprechen scheinen: si fait l'em le povre
sanz aver. Modw. 526ᵈ, en le dyme an de soun regne. Longtoft 1, 94, ne fust le duk de Payters ebd. 200. Doch sind
dieses erste Vershälften, die man für achtsilbig halten könnte.
Eine zweite Vershälfte, wo diese Möglichkeit fehlt, ist: par le ray
e son consens ebd. 1, 16. Die Beispiele genügen freilich nicht
etwas Sicheres zu constatieren. Ich wäre überhaupt auf eine
so gewagte Annahme nicht gekommen, wären mir nicht bei

Houard, Anciennes loix des François I (1779) Schreibungen begegnet wie: devant l'dit statude 32, car l'donce (Masc.) en general taile 49, per l'quart 169, il respondra l'quel il ad occupié 187, mes l' seignior 207, nostre seignior l' roy 227, porter l'banner ebd.

Die Ungewisheit, welchem Worte auslautendes e zukam, welchem nicht, veranlasste häufig die Anfügung eines unberechtigten e. Mehrere Beispiele dafür gewährt das Gedicht 'Or vint la tens de may.' prisone Pol. Songs 127 wird durch den Vers bestätigt, ebenso toute Blonde von Oxford 2686, sote ebd. 2693. avale (statt aval) reimt zu sale Chev. à la Corbeille S. 41. Bei Langtoft liest man: forestes e parkes 1, 20 und im Reime: tribute 1,2, je dye 1,58. 94, il dye 1,10, establye 1, 42, putayne 1, 52, revertye 1, 58, assaie 1,88 Var., sere (lat sedere) 1, 258. Stengel, Cod. man. Digby S. 47.

Aus den angeführten Beispielen scheint hervorzugehen, dass e am frühesten und am entschiedensten hinter r verstummte, nächstdem hinter l, weiter hinter m und n. Es handelt sich also hauptsächlich um Dauerlaute, fast um dieselben, welche S. 33—34 bei dem Verstummen des e zwischen Consonanten wirksam waren. r spielt hier wie dort die gröste Rolle. Verschlusslaute scheinen die Verstummung nur zuzulassen, wenn sie durch einen Dauerlaut gestützt sind (test, hont).

Uebrigens wurde der Abfall des e nicht obligatorisch und noch Langtoft hat selbst hinter yr nicht selten ein lautes e.

Verführerisch ist die Annahme, die Verstummung der auslautenden e sei in mehrsilbigen Worten dadurch veranlasst worden, dass man die Germanische Betonung auf die Romanischen Worte anwandte. Dann hätten wir eine schöne historische Parallele zu der vorhistorischen Verlegung des Tones auf die erste wurzelhafte Silbe im Urgermanischen, von welcher die Verstümmelung der letzten Silbe des Wortes eine Folge war. Leider ist es nahezu unmöglich, sich über die Betonung der Anglonormannischen Worte ausserhalb des Reimes Gewisheit zu verschaffen. Im Reime findet bekanntlich sogar im Mittelenglischen in den Romanischen Worten stets Romanische Betonung statt.

Jede der 12 Lautänderungen, die wir hier kennen gelernt haben, hat die Kraft, die Worte ihres Bereiches um mindestens eine Silbe zu kürzen. Sie scheinen sämmtlich schon in der zweiten Sprachperiode vorhanden zu sein bis auf Nummer 11, welche erst in der dritten Periode vorkommt, und vielleicht Nummer 5, für welche nur spärliche Beispiele vorhanden sind. In mehreren dieser Lautänderungen ist das Anglonormannische dem Französischen des Festlandes vorausgeeilt, so in der ersten, zweiten, dritten (vgl. traître, Raoul, reine; dagegen trahison, paysan), zehnten, zwölften. Die vierte, fünfte, neunte waren auf dem Festlande gar nicht oder nur in geringem Umfange wirksam. Die sechste, siebente und achte sind der Französischen Sprache von Alters her eigen gewesen, ihr aber im Laufe der Zeit abhanden gekommen.

Es kommen nun auch einige Lautwandlungen vor, welche nicht wie die genannten zwölf die Worte im Verse verkürzen, sondern unter Umständen verlängern.

Dahin gehört der hinter mehrfacher Consonanz bei e erlaubte Hiatus (Mall, Computus S. 31). An sichern Beispielen fehlt es mir. Doch würde ich nicht wagen, folgende Halbverse des Renalt für fehlerhaft zu erklären: peivre e comin 15, 21, de cumbatre as 18, 23, cent milie a armes 18, 34.

Consonantisches i wird in einigen Worten zum vocalischen und bekommt sogar den Ton; so in der 3 sg. esparnie Modw. 824ᵈ. 1456ᶜ, Chastel d'amur 333 (Lib. Ps. S. XXVI.), nuncie Edward 658, tesmonie Modw. 841ᵈ. 1799 d (dagegen tesmoine A. 810. 1088). Als weniger alt erscheint die Betonung in victorie in Pol. Songs 125 (im Jahre 1264), Hyspanýe Langtoft 1, 182, Espanýe ebd. 184, estorýe ebd. 218, Brettanýe ebd. 114, 130, 198. So ist auch in den ersten Vershälften Ray de Brettaygne 28, maunde en Brettayne 74 Brettanýe zu lesen.

Die Endung -re wird hinter einem Consonanten zu -er umgestellt: prendir. Thomas von Turberville. — meister, prender, alters. Joinville ed. Michel S. 331. 332. — enter (intrat) Houard, Anciennes loix 1, 16. auter, venter ebd. 22. und häufig bei Langtoft: voster 1, 18. enterlyent 1, 22. entermyst 1, 32. enter (inter) 1, 42. render 1, 48. quater ebd. pover 1, 50. dutor (ductor) ebd. profer (aus purofre) 1, 124. Daher sind folgende Halbverse ganz correct: vynt e IIII aunz Langtoft 1, 22. Humbre appelayt 1, 24. ventre e mameles 1, 46. l'autre en batayle 1, 132.

Auch das umgekehrte kommt bisweilen vor, Verwandlung von er in -re, wobei natürlich die Romanische Betonung der Germanischen weichen muss: boutre (: foutre) Stengel, Cod. man. Digby S. 41. gittre (lat. jactare) Fulke F. W. 22. leetre (lat. lactare) Langtoft 1, 46.

Zuweilen wird auch -le, -ne wie -re behandelt: aungel Latin Poems c. a. to Walter Mapes 293. angel Langtoft 1, 112. orribel ebd. 188. — joven ebd. 76. Esteven ebd. 484.

Es ist eigenthümlich dass r, welches einem ihm folgenden e so gern den Laut benimmt (vgl. S. 33—34), gern ein e vor sich erzeugt: perdereit Chev.D.Cl.98. rendera ebd.206. averai ebd. 281 (hier könnte e uralt sein). respondera ebd. 325. feverus A. 149. perdera A. 1573. fauderez Anecdota lit. 76. viverez ebd. 76.78. iveresse ebd. 77. fouterez ebd. 80. Mehrere der angeführten Beispiele werden durch die Silbenzahl des Verses bestätigt. Uebrigens ist derartiges auch in Frankreich nicht selten.

Späterhin scheinen auch agn. Gedichte verfasst worden zu sein mit ganz Germanischer Versbildung, d. h. in welchen sowol Zweisilbigkeit der Senkung als völliges Ausbleiben derselben erlaubt war. Das um 1300, anscheinend in Zehnsilbern mit Cäsur nach der Sechsten verfasste Gedicht Gilote et Johane (Jubinal N. R. 2, 28) vermöchte ich wenigstens nicht anders zu lesen.

Bei weitem die meisten Verse lassen sich hingegen mit Hülfe der aufgestellten Regeln scandieren. Fünf Seiten des Auban (S. 29—32) lesen sich ohne jeglichen Anstoss. Die Verse, welche trotz jener Regeln unlesbar bleiben, belaufen sich im Auban auf 56.

Davon sind zu kurz:

19 Zwölfsilbler. Man vergleiche meine Anm. zu 25. 41. 51. 138. 140. 148. 154. 164. 190. 210. 455. 472. 1296. 1333. 1354. 1362. 1589. 1714. 1748.

5 Vierzehnsilbler. Statt solcher finden sich 5 Zwölfsilbler mit männlicher Caesur. Man vergleiche meine Anm. zu 1248. 1368. 1378. 1379. 1469.

Zu lang sind darunter:

31 Zwölfsilbler. Man vergleiche meine Anm. zu 21. 106. 166. 288. 302. 436. 457. 491. 568. 570. 622. 624. 661. 768. 771.

885. 892. 903. 1070. 1126. 1128. 1131. 1398. 1432. 1527. 1550.
1585. 1591. 1720. 1739. 1753.
1 Vierzehnsilbler. Man vergleiche meine Anm. zu 733.
Bei Fantosme sind 140 Verse unlesbar. Zu kurz sind
7 Zwölfsilbler, 41 Vierzehnsilbler, 2 Sechszehnsilbler; zu lang
1 Zehnsilbler (der letzte), 82 Zwölfsilbler (darunter sind 55
Vierzehnsilbler), 7 Vierzehnsilbler.
Diese Zahlen sind wichtig. Sie zeigen entweder wie viel
Verse sich meiner Beobachtung entzogen haben oder aber durch
die Ueberlieferung verdorbt sind. Ich glaube das letztere annehmen zu dürfen und verweise auf das S. 15—16 über die
Gewohnheiten agn. Schreiber gesagte und auf die am Schlusse
mitgetheilte Partie der Sechszehnsilbler, wo der Schreiber der
Durhamer Handschrift von 31 Versen 13 verdorben hat, während die Lincolner Handschrift dieselben 13 Verse correct über-
liefert. Nur zwei Verse dieser Partie (2020. 2028) sind in
beiden Handschriften verkürzt.

Atkinsons Ausgabe verräth in allen Theilen einen grossen
Aufwand von Fleiss, der alle Anerkennung verdient. Hätte
sich der Herausgeber damit begnügt den Sprachkundigen einen
lesbaren Text zu liefern, so könnten wir ohne ein Wort des
Tadels von ihm Abschied nehmen. Aber er glaubte sich der
undankbaren Aufgabe unterziehen zu müssen, mit dem gelehr-
ten auch einen pädagogischen Zweck zu verbinden. Damit
man nicht glaube, ich thue ihm unrecht, wenn ich diesen für
grundverkehrt erkläre, lasse ich den Vf. selbst reden (S. XIV):
'It is not perhaps necessary to urge the importance of a sound
knowledge of the French language in its early form as a fun-
damental requisit of a fair inquiry . . . . But Old French had
(at least) three great dialects, distinguished by more than merely
phonetic or orthographic differences, viz., the Burgundian dialect,
the Picard, and the Norman. Now, if an English student
would learn Old French, it is evident that he should seek to
study it primarily in that form under which alone it stood in
immediate relation with our speech, viz., the Norman dialect . .
My motive then in editing this small poem is to aid the English student in the acquisition of this one dialect, to furnish
the means for obtaining a firm grasp of the actual forms of

the Norman language employed by the educated men of those times'. Also es soll der Englische Student sich erst zahlreiche Worte einprägen, in welchen ei, e, ie in denselben Laut zusammenfliessen, soll finden dass dem lat. credere bald creire bald crere bald craire bald croire entspricht und dann sagen können, er sei über die Sprache seiner Normannischen Vorfahren im Klaren! Das heisst doch den Fredegar der Quinta als Schullectüre empfehlen. Es gibt nach wie vor für den, welcher Normannisch erlernen will, keinen andren Rath als mit dem Studium der Alexius-Ausgabe oder mit Malls vortrefflicher Ausgabe des Computus zu beginnen und Atkinsons Auban nicht eher zur Hand zu nehmen, bis er weiss, wie das Anglonormannische im ersten Jahrhundert seiner Entwickelung ausgesehen hat.

Um das Buch für Anfänger brauchbar zu machen, hat A. ein selbst für die Flexionsformen vollständiges Glossar beigegeben, wo man bei il est auf estre, bei nus alames auf aler verwiesen wird, ein Glossar, das als Repertorium von Worten und Formen gewis seinen Werth hat, dem Lernenden aber, für den es bestimmt ist, mehr schaden als nützen wird, da es ihn zu rein mechanischem Arbeiten verführt. Auch die beigegebene Laut- und Flexionslehre wird wenig nützen, da sie zu mechanisch hergestellt ist. Die blosse Angabe, das flexivische z sei gleich lat. t + s wäre mehr werth gewesen als die langen Aufzählungen. Seltsam ist der Gebrauch der Ausdrücke Diphthong (vue, poüm) und Monophthong (chevaus, puet).

Es erübrigt noch der Anmerkungen zu gedenken; für beachtenswerth halte ich die Anm. zu 2 mes; 16 pas; 24 clers; 384. 1679, und das S. 121 über den Gebrauch des Artikels gesagte. Die meisten beziehen sich auf die Etymologie und sind selten mehr als Auszüge aus dem Et. W. Doch wird dieses wohlweislich niemals als Quelle genannt, sondern nur angeführt, um corrigiert zu werden. Man sieht daran, wie leicht es ist Diez zu verbessern. Man braucht gegen Diez nur diejenigen Gründe anzuführen, welche dieser selbst gegen seine Etymologie geltend macht und sich zu Gunsten einer von Diez ausdrücklich verschmähten Etymologie zu entscheiden, indem man die von Diez gegen letztere geltend gemachten Bedenken nicht widerlegt, aber verschweigt. adouber kommt nach A. S. 61 nicht von altn. dubba, which Diez quotes, sondern von ags.

dubban. Was soll man dazu sagen dass es im Et. W. wörtlich heisst: das Wort kommt von ags. dubban, altn. dubba! — In Bezug auf 'tost' heisst es: 'Diez seems inclined rather to the derivation from tot cito . . . I prefer the natural derivation from tostus.' Was sagt Diez? 'Unter den vorgebrachten Deutungen ist die aus tostus gewis die haltbarste.' — Bei trouver: 'Diez inclines to a Latin turbare . . . . I prefer Grimm's suggestion of a German verb with radical u instead of the c in treffan.' Was sagt Diez? 'Dagegen vermuthet Grimm als Etymon unseres Wortes ein got. drupan, und so könnte das Räthsel gelöst erscheinen, wenn man auf das factische Vorhandensein kein Gewicht legte.'

Wenn wir von der nicht immer correcten Anwendung der Trennungspunkte absehen (vgl. feü focum 860, eürent habuerunt 1736), gibt die Herstellung des Textes wenig Grund zum Tadel. Dass sich noch einige Emendationen machen liessen kann dem Herausgeber nicht nachtheilig sein. Ich lasse jene hier folgen, indem ich gleichzeitig die vom Versbau erforderten Aenderungen vorschlage.

Vorweg nehme ich die Fälle, wo ein c (lat. ct) zuviel ist; sicher scheint dieses der Fall zu sein V. 288. 570. 892. 1585, wahrscheinlich aber auch V. 486. 1550.

3. ivoire ne roal. Der Herausgeber erklärt das letzte Wort mit Bergkrystall und führt in der Anmerkung aus einer Stelle, wo es gleichfalls mit ivoire verbunden wird die Nebenform rochal auf. Da sowol rohal als rochal 'Walfisch' heissen kann (Romania 3, 157. DC. VII. s. v. rochaut) wird unter roal eher Fischbein zu verstehen sein. Die von Bugge vorgeschlagene Ableitung von nord. hrosshvalr ist sehr bedenklich; weit eher wäre an raudh-hvalr zu denken (raudhr hvalr = franz. rorqual).

4. acastonee 'gefasst', von caston nfz. chaton. A. erklärt das Wort mit Achat-Onyx.

5. Das in der Anm. gegebene Paradigma von homo ist insofern incorrect, als der Dichter des Auban im acc. sg. wahrscheinlich nur 'ume' gebraucht hat, nicht 'um'.

21. Auban (ad nun) de la cité   un haut mareschal.

22. n'i out plus cuneuz. il y a kommt im agn. auch sonst vor mit dem Nominativ: i ad pur veir nuls hum vivant. Modw. 1394b, n'a cist de la rute ki nel traie. Auban S. 55b.

25. Deus ki ad tut   le mund a guverner. Man lese

Damnedeus, wie auch 203. 472. 1368 und Fantosmo 9. Für die Cäsur vergleiche man 132.

28. las ist nicht Interjection, sondern heisst 'müde'. Es folgt: 'weil ich zu Fuss gegangen bin'. (ki statt que vgl. Anm. zu 433).

32. dunst] dunt, trotz der Anm.

39. paraler kommt vor Chron. anglon. 1, 109: li quens la aida a son poër, ke mult li costa al paraler, und in der Predigt 'Grant mal fist Adam' Str. 4: Plus de nof cenz anz fut li repentir; mais pou li muntat que tant paralat.

41. Quant l'ot Auban [issi] du fiz deu parler.

51. [A!] Auban, bel hoste!

59. poure] povre. Noch Langtoft schreibt poucr, also mit consonantischem u.

96. Wilhelm von S. Albans sagt selbst, er habe den Namen Amphibalus aus Galfrid von Monmouth 5, 5 entnommen. Letzterer entnahm ihn aus einer verdorbenen Stelle der Epistola Gildae, wo manche Handschriften 'sub sancto abbate Amphibalo' lesen, während die älteste Handschrift hat 'sub sancti abbatis amphibalo' (d. h. Gewand). Ussher S. 281. Der Name entstand also durch ein Misverständnis aus dem lat. oder griech. ἀμφίβολον. Uebrigens kommt er schon im 11. Jahrhundert bei Johannes von Garlande vor (Ussher S. 77). Weniger einleuchtend ist die Vermuthung der Bollandisten (ASS. 22 junii S. 159), Amphibalus sei nach der Marter die er leiden musste genannt (quem — in circuitu ejusdem *pali ambulare* fecerunt. Wilh. c. V).

106. umzustellen: lur defendi d'un arbre le fruit a manger.

109. exuiller. Aehnliche Lautung, die an lat. exulare erinnert, hat das Wort S. Edward 370. 374 (exuler), ebenso Conquest of Ireland S. 12. Doch vergleicht sich auch butuiller Auban 677.

118. Adams Nachkommen mussten in der Hölle bleiben, ci la k'il plut a lui, ki nus deinna crier, par sa grace d'iluec engetter. Der Hg. schreibt: cil, — à ki'l. Ueber die bekannte Redensart vgl. 1831 und Et. W. 2, 425.

138. [cil] ki du mund ad seingnurie e poër.

140. [e] sanz pucelage.

147. puis ke out entre nus mis. Mis ist nicht missus (Atkinson S. XCI), sondern lat. mansus vgl. remis lat. remansi

1453 und: alez s'en est en cel païs, u Modewenne ad pos'a mis. Modw. 543cd.

148. vertuz [fist] il grantz.

154. envie en urent [si]   adversor enemis.

164. sanz rei [c] vaivez.

166. au terz di (d'enfer) rescut   ses prisuns cheitifs.

172. ke jo ja vus promis] ke j'oi a vus p.

173. nafra] nau'a d. h. n'avera.

190. [tuz jurs] sanz fin prendre vgl. 1676. Vielleicht ist es besser V. 189 kar zu streichen und die Verse 186—190 als Zehnsilbler anzusehen.

195. Das handschriftliche eschautement konnte bleiben vgl. S. 36.

210. e quancke a crestien   [a] croire est mester.

231. la cupa] l'acupa.

236. autre entravers parmi, in der Anm. nicht verstanden. Man nagelte Christus an einen aufgerichteten Pfahl, an welchem sich ein andrer Pfahl quer in der Mitte befand.

258. Vielleicht ist saucher Schreibfehler statt sacher. Doch kommt au vor in Fällen, wo es nicht minder auffallen muss. chaustel Chron. d. ducs d. Norm. III. S. 625. Jubinal, N. R. 2, 309 Stengel, Cod. man. Digby S. 35. Langtoft 2,426. Chron. anglon 1,145. — naufrer Conquest of Ireland S. 28 Benets Thomas 1362. Joinville ed. Michel S. 336. Fulke F. W. S. 30. 31. Langtoft 1, 166 Var. — espaudles Jubinal, N. R. 2,368 Fulke F. W. 32, espaude Ren. 25,6. — pausmer Chev. D. Cl. 333. — tauster Stengel, Cod. man. Digby S. 44. 45 — baustoun Longtoft 1,136. 250. vgl. das prov. mausti.

269. rentinc] retinc.

271. parilgal] parigal.

273. Im Auban kommen folgende mit par zusammengesetzten Verba vor: parcunter 1689, pardire 273, parmurir 1675, parocire 1626. par hat hier bekanntlich die Bedeutung: bis zu Ende (parcunter mhd. vollesagen). Ist es Zufall dass diese Verba im Auban stets im negativen Satze stehn? Blonde von Oxford enthält mehrere Stellen, wo par sogar hinter dem Verbum steht und mit der Negation unserm 'durchaus nicht' entspricht. ne sert par sa dame sans plus 377. je n'aurai par vaillant tant

fort 568. qui a veoir par ne leur nuit 1800. ne li firent par grant ahan 5101.

302. of lui regneras (tuz jurs) eu celestien barnage. Nach 319 ist Komma zu setzen und 320 lié.

351. à bon' ure.

376. 380. e muu païs. Auch in continentalen Handschriften steht 'e non de' vgl. e noun Langtoft 1, 6, e memoire Auban S. 56ᵇ, was der Herausgeber nicht in à m. corrigieren durfte.

391. dumurez] demurez.

402. Moyseus] Moysens vgl. Gr. 2, 9. 49 Anm.

433. Der Apostroph in 'ore frez k'i dirai' ist zu tilgen wie z. B. in k'i devom dunc duter? Fant. 533. Dagegen könnte er stehen in bien quident ki (= k'il) tut eient lur voler achevé 1026. Häufig steht ki statt que (Rel. und Conj.) im Anglonormannischen. Sogar hinter dem Comparativ findet sich ki für que: un rais du ciel ki resplendi   plus ki li solailz de midi (Auban S. 59ᵇ). Die Verwechslung von ki mit dem Acc. des Rel. qui wird auf ki aus cui beruhen, das schon in den Quatre Livres des Reis vorkommt, die Verwechslung von ki mit que auf ki aus qu'il. Que statt ki ist aus dem Alexius, dem Computus u. s. w. bekannt.

436. le palcis e chanbres (Auban)   trestut escerchera (Atkinson: trestutes cerchera.) escercher habe ich S. 36 erklärt.

451. esparni wie 1528. Vom Hg. wird die Form mit Unrecht von esparnier getrennt. ie ist im Anglonormannischen zuweilen zu i geworden vgl. estrangi (aus -ier) 1541. Hauptsächlich ist dieses in drei Verbalformen der lat. ersten Conjugation der Fall: im Infinitiv, in der 3. Pl. Perf., im Part. Perf.

Beispiele: queissir lat. *quietiare Modw. 1879ᵇ, neben queiser 374ᵈ, lessir Fulke F. W. 46, beysir ebd. 77, achevyr ebd. 104, demembryr Pol. Songs 126. — alirent. Brandan 1000, (: guarnirent, dieser Reim wird kaum ursprünglich sein), froisirent Auban 254. In Hugo von Lincoln reimt die Endung -erent zu -irent Str. 39. 55. 68. — dotrenchiz Fant. 1899, fichiz Lib. Ps. S. 367, fichi Auban 1062, derami Auban 1514, pleissi Modw. 1890ᵈ. Femininum: enchacie Chev. D. Cl. 574, marye Langtoft 1,130, enbuschye ebd. 1,200. Wie es scheint, ist erst um die Mitte des 13. Jahrhunderts dieses i auch in die Verba cingedrungen, denen ursprünglich nicht ie zukommt. Eine derartige Form liegt auch im Auban vor (derami 1514).

Auch für das umgekehrte (e statt i) finden sich Beispiele: repenter. Latin Poems c. a. to Walter Mapes 292, tener Pol. Songs 126, garner Thomas von Turberville, fouer Fulke F. W. 71, cheyer ebd. 100. — saylerent cbd. 62, escharnyerent ebd. 63. — blesmees Modw. 1386c.

455. a sun maistre est [tost]   venuz tut esbaï.

457. Man stelle um: de ço descuverz sumes.

459. tut sires ke bailli]? tant s. k. b. Tut-ke 'sowol — als auch' ist mir nicht bekannt.

472. vgl. die Anm. zu 25.

475. purquei? ke wird zu interpungieren sein. Wenigstens hat purquoy quo Fulke F. W. 97 die Bedeutung: aus welchem Grunde.

491. ma croiz vus doins ke ne mettes (Hs. mettez)   ja Jesum en ubbli. Die Cäsur trennt ja vom Verbum wie 243. 1464. Vielleicht könnte mettez bleiben, da z für s bei agn. Schreibern, zumal im 14. Jahrhundert, beliebt ist. Hier und da liest man schon in der Modwenna-Handschrift (I H. des 13. Jahrh.) bonez 134b. trestutez 362c u. dgl.

523. hauste] haute.

531. trahit] trait.

548. jas auch Renalt 13, 34 (jas est). Fantosme 456 (jas iert), 748 (jas eust), 1624 (jas est). Der Vf. des Renalt sowol als Fantosme gebrauchen jas vor Vocalen, ja vor Consonanten. Ausnahme macht nur ja eust Ren. 22, 20. ja oïr Fant. 1205. Im Auban erscheint die Form nur hier und zwar vor folgendem Consonanten (jas fuissez).

554. Mit binner wird binart verwandt sein: Bien tenez vous la rai por binart et por sot. Pol. Songs 67. Wenigstens hätte die Gleichstellung von binart mit buinart lautliche Bedenken.

557. Komma nach pruvee, denn der Nebensatz hängt von polr ab, nicht von pert.

568. repent toi del (Hs. de tun) maisfait.

569. Fragezeichen nach pulr.

570. dunc ne as tu hisdur? wird zu lesen.

574. feit statt feiz wie 1185 croit statt croiz oder bei Langtoft 1, 28. 46 asset statt assez. Am häufigsten ist dieses

t statt z in der 2 Pl. devet S. Edward 86. enpernet ebd. 110. entendet ebd. 301. voudret Chev. D. Cl. 509. verret Bat. de Mansourah an Michels Joinville 332. Vgl. auch Settegast, Benoît de S. More 47.

593. Ohne Zweifel wird die verschränkte Wortstellung zu ändern sein: Queus est plus haut, li creaturs u sue creature? Nach 596 Fragezeichen, nach 598 Punctum.

612. voissez, auffallende Form statt voisissez, die ich kaum für ursprünglich halten möchte.

622. (a) Febum deu du solail.

624. image mit stummem e oder d'or burni un'image.

661. ki est poisantz, moi cria statt ki p. est e m. c.

666. lié] lier.

678. die S. 97 vorgeschlagenen Aenderungen sind unnöthig. Man lese nur 681 a plume ne a cotun ne a pailles d'utre mer (statt dreimal à).

697. oises]? oiseus, doch vgl. agnes S. 59ᵃ. statt agneus.

719. si en droitz] Hs. ohne Zweifel: si est droitz.

733. (ja) nul ne voie, mes autres lui.

751. suit] siut.

758. encliner q. jemanden durch Verneigen grüssen, schon im Roland und noch bei Froissart.

763. enviz va bon gré] e. u a b. g.

768. nus ne remaint, (mes) de passer s'est chescun eforcé.

771. (mes) li jovre volentrifs.

788. briant Schrbf.] bruant.

789. retraite] retrait.

790. nus] miz.

815. pur vers] purvers wie Auban S. 56ᵇ.

831. la huntage. Das Anglonormannische behandelt die Worte auf -age öfter als Feminina: meinte autre damage Fulke F. W. 29, tote lur heritage Fulke F. W. 108. Doch gebraucht sie Langtoft meist correct (1,8) Ueberhaupt werden Masculina mit e gern zu Femininis, Feminina mit verstummtem e gern zu Masculinis. la martire Modw. 478ᶜ, la viere Chev. D. Cl. 61, sa realme Fant. 1320 Var., sa reaume Langtoft 1,80. 162.· — le cumençail A. 1812, entrail A. 1609, son sepulture Chroniques de London 5, mon meson Blonde von Oxford 2689, son

volonté ebd. 3106, mon gent ebd. 3121. Freilich wurde dieses Prinzip nicht immer befolgt. sis chieres Modw. 801d, mon cote Blonde von Oxford 3096, son losenge Fulke F. W. 40. — la tens, ma ray (Or vint la tens), bele lorain Blonde von Oxford 3103. la pusné Langtoft 1,70, sa baron Houard, Anciennes loix 1, 62. 63. Im Auban 1214 steht sogar m'ensegnement statt mun ensegnement; doch ist das vielleicht nur Schreibfehler.

865. 1085. 1089. sumus war zu belassen (oft in agn. Handschriften.).

870. Moyseus] Moysens wie 402.

885. par enchantement (d'Auban).

891. focuns] flocuns.

903. curuné (est) de curune.

920. Komma nach Deus.

941. Der Infinitiv voer (lat. videre) ist wol nach der Analogie von poer (lat. posse) gebildet. Wenigstens scheint diese Erklärung die einfachste zu sein.

942. à sun destrer munté] a s. d. m.

996. pelerin] pelerim vgl. unser Pilgrim, egl. pilgrimage, afz. pelerimage (so steht in der Hs.). Disme de Penitanche 2674.

1070. plus furent beus ke rose   u ke (n'est) lis espani.

1087. Man streiche das Komma.

1126. de Verolame u   herbergez (ches Auban) fustes quant.

1128. de ço ke est (puis) avenu.

1131. wohl umzustellen: andui encusez fustes.

1132. bienvoillant, ebenso 1763.

1139. n'en] en.

1145. In der Hs. dürfte e über nupez stehen, also: e nupez. nach 1189. ist Punkt, nach 1191. Komma zu setzen.

1205. desir?] desir!

1218. livrer] Hs. liver, ebenso 1316 sevrer] Hs. sever, 1421 destrer] Hs. dester, 1448 delivrer Hs. deliver, 1449 martirs] Hs. matirs. Der Hg. hätte vielleicht nicht nöthig gehabt, diese Erleichterung der Aussprache, wo zwei r einander folgen, auszumerzen.

1248. [e] nupez e depanez.

1256. pus konnte bleiben; es kommt auch S. 55a und 60b vor.

1268. Komma vor ma.

1270. Komma vor le.
1296. ki ne se sevent [mie]   de tes sortz garder vgl.
1028. 1312.
1333. tant [en] sunt il plus   crueus e plus fier.
1354. loenges e gloire (Hs. g. e. l.)
1362. nis de un [sul] disner.
1364. Komma statt des Semikolons.
1368. vgl. die Anm. zu 25.
1376. mance (lat. manicam): faillance. Dasselbe Wort
steht in gleicher Lautform auch bei Fantosme 887. Auban
hat stets desirer statt deschirer (pic. desquirer) vgl. Burguy
1,407. Es scheint sich bei derartigen Lautabweichungen im
Anglonormannischen um einzelne Worte zu handeln, nicht, wie
im Picardischen, um durchgreifende Lautgesetze. sacher Auban
888. 1265, ist weit seltner als saker Fulke F. W. 91. Predigt
'Deu le omnipotent' 95. (ich werde diese Predigt herausgeben).
Jubinal N. R. 2, 307. Chev. à la Corbeille 41. Langtoft 1, 108
166. Karker (statt charger) findet sich Modw. 382b. Chastel
d'amur S. 63. ker[ker] Auban S. 60a.

1378. queus [sunt] jovres, queus [sunt] veuz.
1379. queus [sunt] petiz, queus maens.
1383. cist [a] la dreite creance.
1398. de teu miracle k'en   lur terre (lur) est aparu.
1419. ost arei] ost à rei.
1432. despuis ke (a) Auban aproce.
1466. une pleinne ki vertz fu e jieus. Das letzte Wort
soll gleich joius sein. Die Hs. hat sicher ueus (aequalis). Der
acc. huel (aequalem) steht 1427.
1469. mes repos n'i avoit [mie].
1482. decolez gehört in den Relativsatz, daher ist das
Komma zu streichen.
1510. -ts ist nicht üblich, es muss -tz stehen.
1523. e une part (par) eus tuz   severez e parti.
1527. (mais) chescun d'eus de murir   avant se purofri.
1548. vunt] i unt.
1579. de puteire] de put eire.
1589. tant i a [de] gent.
1591. blasmez fu li darrein(ner) vgl. darreins. 577.

4*

1604. Amphibal wird mit einem Zaum an den Pfahl gebunden und mit Stockscblägen um denselbnn herumgejagt.
Der Hg. liest: les meins li unt lié, duné resne à cheval, entur
le pel l'enchaccnt, statt d'une resne.

1630. tenc statt tcnt, lat. tcnet auffallender als entcnc
statt entent (entende) 556. 1669, branc statt brant, dunc statt
dunt.

1634. reclamun] reclamum.

1686. reclamer] recleimes. Komma nach sauver, nach
1687. Punkt.

1714. e m'enveit de[s] angeres   consolaciun.

    1720. desendent [k'erent] plus blancs   ke cheinsil ne
cotun.

1722. enveit (lat.* inde-viat). Hier ging ein e aus lat.
a verloren, wie in den auch in Frankreich üblichen lait und
laist. enveit erscheint auch Auban S. 56b (im Reime). Renalt 17,
39. 18,16. Damit vergleicht sich cunveit Auban S. 55b, lot (lat.
laudat) A. 1460, ferner plourt Latin Poems c. a. to Walter
Mapes 294. Fulke F. W. 99. 100, demoert Langtoft 1, 10
demort ebd. 1, 8. 64.

1724. entuncion] entencion. — reahaiter, verwandt mit
souhaiter, heisst nicht 'to heighten', sondern 'aufmuntern'.

1739. Verolaime] Varlam wie 10. Letzteres ist der Englische Name von Verulam (Warlamchester).

1744. parjuré] parjure.

1748. ferent, [batent e] nafrent vgl. 1608.

1753. e ses cumpainnuns (martirs).

1792. mais scheint hier das Synonymum von mauvais
zu sein.

1841. de put lin 'gemeinen Stamms'.

Nur Wahrscheinlichkeit haben die folgenden Correcturen,
die in Versen mit vernachlässigter Cäsur die Cäsur wieder
herstellen:

42. mut cumence de ço   [a] esmervoiller. vgl. 133.

153. e de lui crut [forment]   la renumee e pris.

201. [Mes] Auban a tant   s'en est alez chucher.

203. vgl. die Anm. zu 25.

243. les perillez rescuz   (ja), ki ore par es peri.

254. froisirent [les] peres,   e la lune enpali.

265. [e] gloire e clarté   les escoint e fluri.
396. [e] des relevees   e quant fu anoitez.
486. (e) cist respund: 'ne soiez   ja espoûri!'
762. [e] curent e poinnent   a cheval e a pe.
859. [e] criënt e breent   e a terre unt geu.
1450.   mil fumes d'iluec esmeuz   en une cunestablie
(une mit stummem e).
1518.   dient: 'esmesurez vus,   kar [il] n'est pas si'.
1649.   ki ne se sevent [mie] de tes laçuns garder.
Von den Bilderreimen emendiere ich die folgenden:
S. 57ᵃ. Man interpungiere: Ci'st de ceste cumpainnie: (Ci'st
statt Si'st).
S. 57ᵇ. Man streiche das Semikolon hinter: Peine ad cuntruvé
nuvele und lese: ne lessa par (teu) turment sufrir.
S. 59ᵇ. [F]oient de besches e picois.
S. 60ᵃ. Ich ergänze die fehlenden Buchstaben folgendermassen:
en[volu]pez, ker[kez de] paille,
[beus d]e culur [e de ta]ille.
S. 60ᵇ. (ki) [le] premer martir (ert) de Engletere.
Als mir unverständlich hebe ich cercusmes V. 614. hervor.
Der Vers lautet: jo cunus vos crueutez cercusmes e porture.

Beigaben.

1.

Aus dem Leben der heiligen Modwenna.

Das Leben der heiligen Modwenna ist in der Oxforder Handschrift Digby 34 erhalten. Sein Inhalt beruht auf dem Lateinischen Leben derselben Heiligen von Gaufrid, Abt des Klosters Burton (1114 — 1151). Ich habe das agn. Gedicht abgeschrieben, die Herausgabe aber, weil das Lateinische Werk noch ungedruckt ist, zunächst aufgeschoben, bis mir eine Handschrift des Lateinischen Werkes zugänglich wird. Ich kenne deren zwei: die eine gehört dem Lord Mostyn Gloddaeth; die andre im Britischen Museum befindliche ist vom Buchbinder so stark beschnitten, dass jede Zeile lückenhaft ist. Wer mir weitere Handschriften nennen wollte würde mich sehr verbinden. Ich lasse ein Kapitel des agn. Textes folgen. Die Versbildung darin ist so correct, dass sie keine Aenderung nöthig machte. Cursivdruck verweist auf die Lesart unter dem Texte.

1268.
Cum l'estorie nus vait cuntant
ke nus lisum, un clerc vaillant
esteit en Escose manant,
ki riche fud e bien manant.

1269.
Brendan l'avum oï numer.
Icist un jur se mist en mer
(kar ne sai, u deveit aler)
pur sa busuigne avancer.

1270.
Cist clerc dunt ai ici parlé,
quant en la nef esteit entré,
un veissel ad od sei porté,
ke mult esteit de grant belté.

1271.
De veire fud si fu empli
de bon vin cler e seri,
e le parquei i fud empli,
n'en sai nent, pur ço nel di.

1272.
Mais tuit li petit e li grant
e li maistre e li serjant
la belté que ci esteit grant
del cel veissel vunt mult preisant.

1273.
Mais li veissel est tant alé
de main en autre e tant preisé,
ke de lur meins est volé
e en halte mer enfundré.

1274.
Li clerc s'en est mult irascuz
de sun veisel quant est perduz.
Cele part sunt tuz acuruz,
u cel veisel esteit chauz.

1275.
· Mais li veisel ignelement
as funz de l'ewe tost decent;
dunt tuz se pleignent   e sunt dolent
pur le clerc, qui si se dement.

1276.
Si li veisel eust voi esté
quant en la mer fud si versé,
mult peust bien aver floté
en sum cele ewe e si trové.

1271a. Hs. ueire oder uerre. — c. ? purquei.
1272d. del cel. Diese Verbindung ist häufig in der Modwenna; fehlerhaft dürfte sie trotzdem sein.

1277.
Mais plein esteit, cum vus savez;
pur ço se sunt deseperez,
ke james ne seit trovez
par nul engin ne recovrez.

1278.
Li bacheler s'en vunt a tant
ovoc lur nef qu'il vunt guiant.
Li clerc se vait mult dementant
e cele perte mult pleignant.

1279.
A chef de pose   s'est purpensé
icest clerc dunt ai parlé
de la vertu e de la bunté
de Modewenne   si s'est levé.

1280.
A haute voiz a tant se crie:
'Duce dame, la vostre aïe!
Si la novele que est oïe
est veraie, ne vus ublie.

1281.
En ubliance ne metez
vos serfs ici par vos buntez;
kar si li veissel est trovez
que perdu est e afundrez,

1282.
jo vus pramet seurement
devant trestute ceste gent
e devant deu ci en present
que, si la vie me cunsent,

1283.
a vus le voldrai enveer.'
Mais ainz qu'il puisse achever
sa parole ne terminer,
ses cumpainnuns veient munter

1280 d. Den unpersönlichen Gebrauch von oublier kennt auch das Provenzalische. vgl. Bartsch, Lesebuch 106, 67. 134, 76.

1284.
icel veisel que veient flotant
e lur barge tuz jurz siwant
de la nef   que est grant.
Mult se vunt esmerveillant.

1285.
Nature pas nen eure ici;
vus le veez asez, ceo qui;
kar li veisel, que fud cmpli
al funz de l'ewe, u il chaï,

1286.
tenir se deust pur verité,
si nature i eust euré,
mais deu l'a fait par poesté
ki *mustrer* volt la grant bunté

1287.
de la dame benurée
par qui la vertu est oueree
que ici vus est mustree,
cum en sa vie est trové.

1288.
La force est grant de la vertu
quant li veisel n'est rumpu
ne li vin neis espandu
ne empeiré ne descreu.

1289.
Tost *accurrurent* li sergant
al veisel que alot flotant;
suz le pernent de mein tenant
e en vunt dampnedeu loant.

1284 c. ? le curs de la nef.
1285 a. eure steht für euure d. h. euvre (= uevre), darum
schreibe ich nicht evre.
1286 d. Hs. mustre.
1289 a. Hs. accurrurunt.

4**

1290.

Al clerc l'unt cil tantost baillé,
qui de sun queor ad deu loé.
Puis l'ad la dame enveié
sulum le vou qu'il ot voé.

1291.

Il aturne un messager
ki le veisel deveit porter;
unes lettres fait enseeler
par que le fait li volt mustrer.

1292.

De chef en chef la verité
de cel veisel li ad mandé,
cum fud perdu e puis trové
par sa merite e sa bunté.

1293.

Quant le messager est venu
desqu'a la dame, u ele fu,
trestuit le fait li ad cunu;
unques mot ne li ad teu.

1294.

Del fait la dame deu mercie,
mais *ne s'est* enorguillie
de plus pur ço ne esbaldie.
Apres iço la deu amie

1295.

icel veisel ad fait porter
pur scrvir le prestre al muster.
A tant vus voil ci terminer
icest miracle e reposer.

1294 b. Hs. se nest.

2.
Die Sechszehnsilbler aus Jordan Fantosmes Chronik.

CCVII.

. . . .

2020 'Pris est li reis d'Escoce, ço
　　　　　　m'ad l'em dit pur ver[i]té.
Ore ainz me vint cele novele,
　　　　　　quant jo dui estre culchié.'
E dïent ces chevaliers:
　　　　　　'Ore merciez damnedé;
2023 ore est la guerre finie,
　　　　　　e en pes est vostre regné.'
CCVIII.
—

CCIX.
2028 Quant li reis vit les messages
　　　　　　unkes [jur] plus lié ne fu,
e veit qu'il dïent tuit un,
　　　　　　a tant si lur ad respundu:
2030 'Er seir oï la nuvele
　　　　　　quant jo fui mult irascu.
Celui qui la me porta,
　　　　　　gueredun li ert rendu.'
Il ad saisi un bastuncel
　　　　　　e a Briёn l'ad tendu,
dis livreёs de sa terre
　　　　　　pur le travail qu'ot eü.

CCX.
Ignelement prent ses messages
　　　　　　sis ad enveiez a Davi,
2035 ki iert frere lu rei d'Escoce;
　　　　　　unkes meillur guerreur ne vi!
Il esteit en Leïrcestre
　　　　　　cum vassal pruz e hardi;
mes unc ne fud si dolent,
　　　　　　quant icest message oï.

Li reis li mande d'Engleterre
        que le plait est ore si:
n'i ad fors de rendre sei
        e de venir en sa merci.
2040 Il ne saveit en tut le mund
        meillur cunseil, icil Davi,
fors de rendre le chastel
        e puis venir al rei Henri.
Seignurs, trestuit icest plait
        dedenz oit jorz fud si basti:
pes ad li reis d'Engleterre,
        pris sunt tuit si enemi.

CCXL

Or cumande le rei d'Escoce
        hastivement a sei mener;
2045 kar li vint une novele,
        passer li estueit mer:
Roem est asise, sa cité;
        ne voldrad plus demurer.
Il en meine David od lui
        a tant si vait envers la mer.
E Briën s'en est turné,
        ki n'ad cure de demurer,
e ad dit a sun seignur,
        ignelement face amener
2050 le rei d'Escoce a Suhantune;
        li reis volt qu'il passe mer.

CCXII.

Henri le rei le fiz Mahalt,
        a bon' ure fust il ne!
Il atent a Suhantune
        vent e tens e bon oré;
e dan Randulf de Glanvile
        del errer est espleitié,
le rei d'Escoce en meine od lui,
        ki mult ad le cuer iré.

Halle, Druck von E. Karras.

www.ingramcontent.com/pod-product-compliance
Lightning Source LLC
Chambersburg PA
CBHW020254090426
42735CB00010B/1917